Les lycées professionnels

Le CAP, le BEP, le baccalauréat professionnel

Georges Solaux est professeur
à l'Institut universitaire professionnalisé
(IREDU) de Dijon.

Il est aussi consultant
auprès du directeur des lycées et collèges
du ministère de l'Éducation nationale.

ISBN CNDP : 2-240-00531-9
ISBN Hachette Livre : 2-01-170370-0
© Centre national de documentation pédagogique, 1994
29, rue d'Ulm, 75230 Paris cedex 05
© Hachette Livre, 1994
79, boulevard Saint-Germain, 75006 Paris

Tous droits de traduction, de reproduction et d'adaptation réservés pour tous pays.
La loi du 11 mars 1957, n'autorisant, aux termes des alinéas 2 et 3 de l'article 41, d'une part que «les copies ou reproductions strictement réservées à l'usage privé du copiste et non destinées à une utilisation collective» et, d'autre part, que les analyses et les courtes citations dans un but d'exemple et d'illustration, «toute représentation ou reproduction intégrale ou partielle faite sans le consentement de l'auteur ou de ses ayants droit ou ayants cause est illicite.» (alinéa 1, article 40).
Cette représentation ou reproduction, par quelque procédé que ce soit, sans autorisation de l'éditeur ou du Centre français de l'exploitation du droit de copie (3 bis, rue Hautefeuille, 75006 Paris), constituerait donc une contrefaçon sanctionnée par les articles 425 et suivants du code pénal.

Ressources formation
Enjeux
du système éducatif

Les lycées professionnels
Le CAP, le BEP, le baccalauréat professionnel

Georges Solaux

Introduction

1 250 lycées professionnels sont disséminés sur le territoire national. Ils ont accueilli à la rentrée 1993 environ 700 000 élèves, répartis dans les classes de 4e et 3e technologiques et dans les classes de préparation aux CAP, BEP, bac pro. Dans leur histoire, les lycées professionnels ont subi un ensemble de critiques émanant d'éléments extérieurs à l'école mais aussi d'éléments internes. Confrontés à la nécessité de la liaison entre la formation et l'emploi, ils subissent la critique des milieux professionnels en période de chômage intense : on leur reproche un manque d'élasticité et des difficultés d'adaptation aux exigences de l'emploi.

Dans le système éducatif, les lycées professionnels ont assuré une fonction d'accueil des élèves en difficulté dans l'enseignement général. Critiqués pour l'obsolescence des formations dispensées, les lycées professionnels ont été perçus de façon négative comme voie de relégation. Cette situation a fait dire à Lucie Tanguy qu'il s'agit d'un enseignement « minoré et relativement méprisés »[1]. Pourtant, les lycées professionnels ont connu de telles évolutions au cours des trente dernières années qu'ils apparaissent comme un élément dynamique du système éducatif.

Le travail qui suit vise à décrire et expliquer les mutations constatées. Elles seront situées dans le cadre des réformes du second degré depuis 1959 (chapitre I). L'introduction progressive des structures et de l'organisation pédagogiques de l'enseignement professionnel dans l'ensemble des formations relevant du second cycle du second degré sera ainsi mise en évidence.

Les formations, les diplômes et leur conception, les spécialités professionnelles seront ensuite analysés (chapitre II) en vue d'identifier la situation des CAP, BEP et bac pro. en fonction des emplois et la place de ces formations dans l'organisation de l'ensemble du second degré. Nous tenterons ainsi de dégager le sens des formations et des diplômes au regard de variables externes et internes au système éducatif. Enfin, un certain nombre de problèmes et de perspectives d'évolution seront identifiés (chapitre III) : les problèmes pédagogiques posés par les publics particuliers qu'accueillent les lycées professionnels, la vie scolaire et les conséquences prévisibles de la mise en œuvre de la loi quinquennale sur l'emploi.

Il s'agit donc ici de proposer une description, mais aussi une analyse des problèmes auxquels sont confrontés les lycées professionnels, et de repérer les solutions qu'ils proposent, dans une perspective sociologique qui tente de concilier les déterminants structurels (économiques) et la stratégie des acteurs.

Cependant, nous ne traiterons pas ici des personnels de l'enseignement professionnel, qui occupent pourtant une place essentielle dans son organisation. Sur ce point, nous engageons le lecteur à se reporter à l'ouvrage *L'Enseignement professionnel en France* pour compléter son information[2].

NOTES

1. TANGUY L., « Système éducatif et système productif » in *Recherches en éducation et en socialisation de l'enfant,* La Documentation française, Paris, 1983.
2. TANGUY L., *L'enseignement professionnel en France. Des ouvriers aux techniciens,* PUF, Paris, 1991.

CHAPITRE PREMIER

Quel sens donner à l'enseignement professionnel ?

Comment expliquer la fonction assignée à l'enseignement professionnel dans le second cycle du second degré ? L'histoire récente du système éducatif (I), les structures pédagogiques des lycées professionnels (II), les effectifs scolarisés (III) et les logiques auxquelles sont confrontés les lycées professionnels (IV) permettront d'expliciter cette fonction.

1. L'histoire récente du système éducatif, le rappel des grandes réformes

Entre 1959 et 1992, l'organisation du système éducatif français a évolué considérablement. La réforme qui constitue le fondement de toute l'évolution ultérieure, dite « de Berthoin », est matérialisée par l'ordonnance du 6 janvier 1959 relative à la prolongation de la scolarité obligatoire jusqu'à 16 ans. Cette ordonnance, non intégralement appliquée en 1959, a permis toutes les évolutions ultérieures, ou plutôt les a provoquées. C'est en effet en prolongeant la scolarité obligatoire que le législateur a mis en place les conditions de la création de deux nouveaux établissements, le collège et le collège d'enseignement technique.

La création des collèges d'enseignement technique (CET) marque l'introduction de la formation professionnelle dans l'école, et sous sa responsabilité quasi exclusive. Cette décision fait de la France un modèle original dans le contexte international de la formation professionnelle initiale. Bon nombre d'autres pays, dont l'Allemagne, ont développé des systèmes responsabilisant davantage les entreprises en considérant qu'elles pouvaient présenter des garanties en matière de capacité de formation semblables à celles que présente l'école. Le détachement de la formation ouvrière du lieu de travail marque profondément les stratégies des centrales syndicales enseignantes françaises, qui n'ont de cesse de critiquer la dernière forme de formation à laquelle participent directement les entreprises : l'apprentissage. Dans le même ordre d'idées, la méfiance est de rigueur face aux perspectives d'introduction de l'alternance dans les formations initiales.

C'est parce qu'il a fallu accueillir des tranches d'âge jusque-là exclues de l'école (des élèves de 14 à 16 ans, qui, à l'époque se mettaient directement au travail à l'usine ou à la ferme) que le 23 août 1963 est signé un décret organisant le collège d'enseignement secondaire (CES), nouveau type d'établissement destiné à accueillir les élèves de 11 à 15-16 ans.

La création des CES s'inscrit dans le contexte général d'une refonte globale du système éducatif français, elle est suivie en 1966 de la réforme, non moins importante dans le cadre du propos qui nous intéresse ici, des études au lycée et au CET. C'est en effet à cette date que sont rassemblés, dans les lycées, les baccalauréats du second degré, les baccalauréats de technicien et les brevets de technicien. La même année sont créés dans les CET les « BEP » (ou brevets d'études professionnelles). Dans l'enseignement supérieur, une nouvelle institution est installée, l'IUT (Institut universitaire de technologie). Il prépare à une formation universitaire d'un type nouveau, davantage professionnalisée que les autres et organisée en deux ans, ce qui la fera présenter comme une étude courte à l'issue du baccalauréat.

Tous les ordres d'enseignement du second degré sont ainsi touchés. Le premier cycle du second degré l'est avec la création des CES, le second cycle par l'intégration des baccalauréats de technicien et des brevets de technicien dans les lycées, et par l'extension des formations implantées dans les CET au BEP. L'enseignement du second degré est structuré en premier cycle (les CES), en second cycle court (les CET) et second cycle long (les lycées).

Cette réforme Fouchet ébranle tout le système éducatif, parce qu'elle traite en même temps d'aspects quantitatifs et d'aspects qualitatifs. Les aspects qualitatifs sont représentés par la modification des cursus de scolarité et par la modification de l'organisation des études. Mais, conjointement, la réforme gère des problèmes quantitatifs dus à l'extension considérable des effectifs liée à la vague démographique d'après-guerre qui, en 1963, atteint précisément l'âge de la fin de la scolarité obligatoire.

Les analyses historiques qui ont été faites de cette période, en particulier les analyses réalisées par Antoine Prost, tendent à montrer que l'école, jusque-là éclatée en ordres d'enseignement dispersés, cloisonnés, a alors été transformée en système. La notion de système doit être entendue dans le sens que lui donnent Crozier et Friedberg : « Ensemble dont toutes les parties sont interdépendantes, qui possède donc un minimum de structuration, ce qui le distingue du simple agrégat, et qui dispose en même temps de mécanismes qui maintiennent cette structuration et qu'on appellera mécanismes de régulation[1]. »

Toutes les parties de l'éducation en France deviennent en effet interdépendantes, puisque de l'organisation du collège dépendra l'alimentation des CET et l'alimentation des lycées. De la structure et de la fonction données à ces derniers dépendra partiellement l'organisation de l'enseignement supérieur. Entre ces parties, entre les éléments de ce nouveau système, des mécanismes de régulation sont mis en place, les procédures d'orientation des élèves.

Une seconde très grande réforme a été permise par les lois du 16 juillet 1971, qui traitent de la formation continue dans le cadre de l'éducation permanente, de l'enseignement technologique, de l'apprentissage. Ces lois et les décrets ou textes d'application qui ont suivi ne restructurent pas le second degré, ils ne représentent pas des réformes au sens où on l'entend traditionnellement, ils ne remplacent pas une organisation par une autre organisation.

Ils ont cependant une importance considérable pour l'évolution ultérieure des collèges, des lycées et des CET. Pour les collèges, ils constituent l'origine des classes pré-professionnelles de niveau (CPPN) et des classes préparatoires à l'apprentissage (CPA). S'installe alors, au sein des classes de 4e et de 3e des collèges, une filière de formation spécifiquement destinée aux élèves en situation d'échec à la fin de la classe de 5e. Sans modifier globalement les collèges, cette mesure donne un sens particulier à la fin de la scolarité obligatoire pour les élèves en difficulté, elle institutionnalise la dichotomie des populations scolaires et à terme la dichotomie entre travailleurs non qualifiés et travailleurs qualifiés. Dans les lycées, les séries technologiques développées par l'extension des baccalauréats de technicien et des brevets de technicien sont confortées dans leur existence et intégrées dans une réflexion d'ensemble sur l'enseignement technique en France.

Enfin, la loi sur l'apprentissage intéresse directement les CET, car elle prévoit le développement d'une filière de formation, l'apprentissage, vécue comme concurrente des voies traditionnelles de la formation professionnelle initiale. La loi de 1971 sur l'apprentissage est le terreau à partir duquel toutes les réflexions et toutes les politiques relatives à la formation par alternance prendront racine dans les vingt années qui suivent. Sans constituer une réforme au sens strict du mot, les lois de 1971 confortent l'organisation antérieure, mais surtout lui donnent un sens particulier quant à la scolarité obligatoire en collège, à la formation professionnelle et à l'enseignement technologique dans un cadre conceptuel nouveau, celui de l'éducation permanente. Le développement des GRETA (groupement d'établissements) trouve enfin son origine dans ces lois.

Un troisième grand train de réformes est mis en place à la rentrée 1977, en application des décrets du 28 décembre 1976 eux-mêmes pris en application de la loi du 10 juillet 1975, plus connue sous le terme de réforme « Haby ». Dans les représentations collectives, la réforme Haby est généralement vécue comme celle de la mise en place du collège unique. S'il est vrai qu'elle a considérablement fait évoluer l'organisation pédagogique des collèges, elle a connu également ment des développements forts dans les deux autres niveaux d'enseignement du second degré que sont les lycées et les CET.

Les CET sont en effet transformés en lycées d'enseignement professionnel (LEP), ce qui leur donne un statut juridique et une dignité de second cycle de second degré par l'introduction du terme « lycée » en remplacement du terme antérieur de collège (CET). Cette transformation, qui pourrait être entendue comme une simple modification formelle, représente à son tour le terreau à partir duquel une grande partie des évolutions de la formation professionnelle de base seront développées dans la décennie quatre-vingt.

Le lycée ne semble pas directement touché par la réforme Haby. Néanmoins, dans la suite logique de la transformation pédagogique du collège et de ses finalités, on ne pouvait pas ne pas faire évoluer le lycée. Ce dernier connaît une transformation essentielle à la rentrée 1981, avec l'évolution de la classe de seconde qui introduit une nouvelle structuration des études au lycée. À la modification des structures pédagogiques des collèges entreprise à la rentrée 1977 en sixième, puis à la rentrée 1978 en cinquième, 1979 en quatrième, 1980 en troisième, succède logiquement la création de la classe de seconde indifférenciée en 1981. La réforme Haby a donc à son tour modifié le paysage d'ensemble du système, ou plus précisément l'équilibre de ce système. De la transformation des structures pédagogiques d'un niveau naissent des déséquilibres dans les mécanismes de régulation, qui impliquent des modifications dans les structures pédagogiques des niveaux qui en sont dépendants. Il y a bien là système, la modification du collège implique celle du lycée. On ne peut plus, dans le système éducatif français, isoler l'un des éléments pour le traiter indépendamment des autres, on observe que toute modification introduite dans un niveau en entraîne dans un autre niveau.

Une quatrième réforme importante est entreprise en 1985 par Jean-Pierre Chevènement, elle concerne essentiellement les lycées d'enseignement professionnel transformés en lycées professionnels (LP). Au sein de ceux-ci est créé un diplôme qui va sensiblement faire évoluer le sens social du baccalauréat, le baccalauréat professionnel.

Les CET des années soixante, qui, en 1966, ont connu la création des BEP, sont transformés en lycées professionnels en 1985 avec l'implantation, dans une structure de formation destinée à la production de qualification ouvrière, d'un baccalauréat de type particulier et nouveau, le baccalauréat professionnel (bac pro.). Cette décision de création des baccalauréats professionnels est inscrite dans une politique générale de développement des formations du second degré conduisant au baccalauréat, politique plus connue sous le slogan qui a contribué à en faire le succès : « Conduire 80 % d'une classe d'âge au niveau du baccalauréat d'ici l'an 2000. » Ce slogan, ce mot d'ordre, a été parfaitement entendu par le corps social.

Dans un article intitulé : « Derrière le symbole, quelle politique ? », Bernard Charlot [2] donne une explication particulièrement pertinente de la politique développée sur le sujet entre 1983 et 1988. Il donne une explication de type sociologique du slogan utilisé par Jean-Pierre Chevènement pour montrer tout le succès rencontré par celui-ci dans les couches sociales de la société française.

Derrière le slogan « 80 % d'une classe d'âge au niveau du bac en l'an 2000 », sont présentes trois données conceptuelles différentes. La première donnée concerne les 80 %. Annoncer à la population française que 80 % des enfants d'une classe d'âge doivent atteindre le baccalauréat, c'est dire aux Français que pratiquement tous les enfants doivent atteindre ce niveau. C'est par conséquent amener les Français à décider que s'ils ne font pas partie de ces 80 %, ils seront relégués dans les 20 % qui restent, c'est-à-dire dans les exclus du baccalauréat. C'est de ce fait mettre en place toutes les conditions pour que la demande sociale d'éducation destinée à atteindre le baccalauréat se développe rapidement.

Ce premier point, qui inclut l'immense majorité des Français dans l'objectif, doit être compris en lien avec le second point, qui lui concerne le baccalauréat. Dans les représentations collectives françaises, le baccalauréat est un niveau mythique qui représente la clef d'accès à la culture. Le baccalauréat est à la fois un diplôme de reconnaissance d'acquis et donc d'un niveau culturel atteint, et la clef d'accès à l'enseignement supérieur, c'est-à-dire la connaissance, à une culture reconnue.

Ce deuxième point est d'autant plus fort qu'il est lui-même mis en relation dans le slogan avec le troisième point, l'an 2000. L'an 2000 c'est tout à la fois la fin d'un millénaire, et surtout un nouveau millénaire. Il ne s'agit pas d'un changement de siècle, il s'agit bien de passer d'un millénaire à un autre. Ce millénaire est inscrit dans les représentations sociales de la modernité, de l'avenir, d'une nouvelle étape dans l'évolution des sociétés.

Il s'agit donc pour les Français de ne pas se faire exclure du niveau culturel reconnu par le baccalauréat tout en se préparant, plus précisément en préparant leurs enfants, à affronter la modernité d'un nouveau millénaire. Le mot d'ordre est devenu slogan par la conjonction de ces trois points. Les lycées connaissent de fait une très forte pression démographique dans les années qui suivent.

Une cinquième série de réformes est entreprise à partir du début des années quatre-vingt-dix successivement par Lionel Jospin, Jack Lang et François Bayrou. Ce cinquième volet de réformes intéresse spécifiquement le second cycle du second degré c'est-à-dire les lycées et les lycées professionnels. La classe de seconde connaît une nouvelle évolution dans son organisation, les séries conduisant au baccalauréat sont restructurées. Le lycée professionnel est intégré dans le train de réformes des lycées. En effet, les deux années d'études conduisant au BEP connaissent des transformations isomorphes aux transformations installées en classes de seconde de lycée. Le lycée professionnel, comme les lycées, est organisé en cycle de détermination (le BEP) et en cycle terminal (le bac pro.). Qualifié de second cycle « court » lors de sa création, le CET devenu lycée professionnel est dorénavant totalement intégré dans le second cycle du second degré, c'est formellement un établissement de second cycle sans adjonction de qualificatif particulier.

Cinq grandes réformes ont donc touché l'enseignement secondaire français en trente ans. Il s'agit pour nous d'en déterminer le sens particulier pour les lycées professionnels.

2. L'évolution des structures pédagogiques ou du CET au lycée professionnel

Quatre grandes périodes peuvent être décrites depuis la réforme de 1959 :
– celle des années soixante, marquée par la volonté politique de porter remède à la pénurie de main-d'œuvre qualifiée ;
– celle des années soixante-dix, caractérisée par la gestion de la prolongation de la scolarisation ;
– celle des années quatre-vingt, qui fait face à la prolongation de la crise économique et à la modernisation de l'outil de production ;
– celle des années quatre-vingt-dix, avec la rénovation pédagogique des lycées.

La formation initiale des ouvriers a connu de réelles évolutions pendant ces quatre périodes, elle est au cœur de toutes les décisions qui seront prises au niveau de la formation dispensée dans les établissements d'enseignement technique et professionnel.

A. Les années soixante

C'est par l'ordonnance et le décret du 6 janvier 1959, donc dans le contexte de la prolongation de la scolarité obligatoire, que nous débuterons cette brève chronique pédagogique. Les centres d'apprentissage sont transformés en collèges d'enseignement technique (CET). Il est prévu de supprimer le CAP (certificat d'aptitudes professionnelles) en trois ans et de le remplacer par un CAP préparé en deux ans à l'issue de la classe de 3e. En réalité, les CAP seront maintenus et coexisteront avec les BEP, implantés dans les CET dès la rentrée 1967. Le recrutement dans les sections de BEP est effectué à l'issue de la classe de 3e. Elles vont progressivement accueillir une large part des élèves du technique court, au détriment des CAP en trois ans dont le recrutement est assuré à l'issue de la classe de 5e. Cette liaison organique entre les deux paliers d'orientation du collège (cinquième et troisième) et les deux formations professionnelles assurées par le CET (CAP et BEP) introduit l'enseignement technique dans le système éducatif en en faisant l'un des éléments de ce système. On assiste à « la mise en système des établissements d'enseignement » [3].

Les deux diplômes (CAP et BEP) sont situés au niveau V de qualification, mais se différencient par le fait que le CAP prépare les élèves à l'exercice d'un métier déterminé tandis que le BEP prépare à un ensemble d'activités relevant d'un même secteur professionnel. Ainsi, les CAP de tourneur, de fraiseur, d'ajusteur trouvent-ils dans le BEP de mécanicien-monteur puis dans le BEP-Usinage l'ensemble des activités auxquelles chacun d'eux prépare. Une nouvelle conception de la qualification ouvrière apparaît donc, sous la forme d'un diplôme reposant sur une formation générale plus longue (recrutement en fin de troisième au lieu de la fin des classes de cinquième), et sur une polyvalence ou sur un ensemble de connaissances dont l'objectif professionnel n'est plus le métier (CAP) mais le secteur professionnel. Le titulaire du BEP se présente comme un ouvrier capable de s'adapter à l'évolution technologique (culture générale) et susceptible de déployer ses compétences dans un univers de production plus mobile (activités d'un même secteur professionnel). Ces modifications se produisent en période de croissance économique, et « l'extension de la scolarisation est pensée comme une des conditions nécessaires au développement industriel » [4].

En 1969, un texte prévoit la possibilité, pour les élèves titulaires du BEP, de poursuivre leurs études dans le second cycle long en première (première d'adaptation), de la même manière que les élèves titulaires du CAP ont la possibilité d'entrer en seconde (seconde spéciale). Des passerelles sont jetées entre le CET et le lycée. Relié au collège en amont, le CET est dorénavant lié au lycée en aval. Le CET participe à la mise en système du second degré comme mode de scolarisation intermédiaire entre le collège et le lycée. Il est toujours collège (CET), mais dans le second cycle. C'est pour cette raison sans doute qu'on le qualifie de second cycle court.

B. Les années soixante-dix

Les années soixante-dix sont marquées par deux étapes : l'une vise à cerner les contours d'une formation ou d'une sensibilisation professionnelle pour les élèves en difficulté, l'autre est marquée par la création des lycées d'enseignement professionnel et les débuts de la crise économique.

Les travaux préparatoires du VIIe Plan, tirant les leçons du début des années soixante-dix, envisagent la persistance du décalage entre les offres d'emploi, qui resteront pour plus du tiers non qualifiées. Ces emplois peu qualifiés sont pourvus par les jeunes qui, échouant au collège, sont orientés en classes pré-professionnelles de niveau (CPPN) et les classes préparatoires à l'apprentissage (CPA). Ces deux structures scolaires trouvent leur origine dans les lois du 16 juillet 1971 relatives à l'enseignement technologique et à l'apprentissage.

Les CAP supprimés en 1959, maintenus dans les faits en 1967, sont légalement rétablis par les mêmes lois de 1971. La circulaire du 10 mars 1972 installe les CPPN et CPA ; les premières reçoivent des élèves de 14 ans en vue de préparer l'entrée en CAP trois ans au CET, ou dans une CPA. Le redoublement de la CPPN, prévu comme exceptionnel, devient dans les faits la règle pour plus du tiers des élèves. Affecté en CPPN à 14 ans, un élève qui double atteint donc 16 ans et quitte l'école après avoir connu quelques stages en entreprise et quelques sensibilisations professionnelles. Le bagage qualifiant est ici proche du minimum.

La CPA accueille des jeunes de 15 ans qui sortent d'une classe de 5e ou de CPPN. La formation est organisée sur le mode de l'alternance école-entreprise. L'élève peut, à l'issue de son année de CPA et s'il a atteint 16 ans, signer un contrat d'apprentissage. La loi d'orientation du commerce et de l'artisanat du 27 décembre 1973 (loi Royer) ouvre la possibilité d'entrer en CPA dès l'âge de 14 ans.

Alors que les années soixante ont été marquées par la volonté de structurer la formation qualifiante, le début des années soixante-dix se distingue par le souci de créer des formes de scolarisation permettant aux élèves en situation d'échec de ne pas quitter le système éducatif sans un minimum de sensibilité professionnelle.

La loi de 1975 sur l'éducation (réforme Haby) entre en application à la rentrée 1977. Les lycées d'enseignement professionnel remplacent les collèges d'enseignement technique. Derrière le changement d'étiquette apparaît la résolution d'intégrer toujours davantage les établissements de formation professionnelle dans le système éducatif. De centre (d'apprentissage) on est passé à collège (d'enseignement technique) pour arriver à lycée (d'enseignement professionnel) ; d'un ordre d'enseignement extérieur au système éducatif, on passe à une formation identifiée comme faisant partie intégrante du second cycle (lycée). Il s'agit d'un second cycle « court » certes, mais la formation ouvrière est ainsi davantage intégrée au dispositif général de formation.

Dans le même temps, on observe une forte augmentation du chômage et une nette détérioration des taux d'insertion des jeunes quittant le système éducatif. Ce phénomène, lié à la crise économique, frappe de façon différente les jeunes selon qu'ils sont plus ou moins qualifiés, mais il frappe tous les jeunes. La formation professionnelle dispensée par l'école est mise en question, son inadaptation à l'évolution des qualifications requises par le monde du travail est évoquée et affirmée. C'est dans ce contexte que le second gouvernement Barre, avec Christian Beullac comme ministre de l'Éducation nationale, va, dès 1979, entreprendre le train de réformes des années quatre-vingt.

C. Les années quatre-vingt

La première moitié de la décennie voit se développer une conception nouvelle des formations dispensées en lycée d'enseignement professionnel, la seconde moitié se caractérise par la mise en place progressive, dans le contexte nouveau de décentralisation, de nouvelles formations.

On assiste d'abord à l'introduction de l'alternance dans la formation initiale par l'intermédiaire des séquences éducatives en entreprises réservées aux élèves de CAP et de BEP. Réclamée par le CNPF au Congrès de Deauville de 1978, l'alternance fait l'objet d'un relevé de conclusions entre le CNPF, la FEN et le ministre de l'Éducation nationale, le 13 février 1979.

Entre 1980 et 1985, la conception des formations dispensées en CAP et en BEP évolue considérablement. Quatre modifications ponctuent cette évolution :

– l'accès au CAP n'est plus réservé qu'aux seuls élèves de 14 ans qui en font la demande, les conseils de classe ne peuvent plus orienter autoritairement un élève vers le lycée d'enseignement professionnel à l'issue de la classe de 5e ;

– les trois ans de CAP se transforment progressivement en classe de 4e, 3e préparatoires, à l'issue desquelles l'élève peut opter pour la troisième année de CAP, la première année de BEP, ou la classe de 2nde ; les deux premières années du CAP deviennent des classes d'orientation, alors qu'elles ont toujours été des classes de formation professionnelle ;

– les élèves de troisième préparatoire au CAP subissent les épreuves du Brevet jusque-là réservées aux élèves des troisième de collèges ;

– enfin, les classes de 4e et 3e préparatoires sont progressivement transformées en classes de 4e et 3e technologiques.

A l'issue de la classe de 5ᵉ, un élève peut donc demander son admission en classe de 4ᵉ préparatoire en vue d'un CAP trois ans, en classe de 4ᵉ technologique, en classe de 4ᵉ de collège, ou dans les classes de CPPN en voie progressive de disparition. Bon nombre de CAP trois ans sont transformés en un cycle technologique de deux ans amenant l'élève à un niveau de fin de troisième avec les mêmes possibilités formelles d'orientation qu'un élève de troisième de collège. Le cycle technologique est présenté comme un cycle de formation parallèle au cycle d'orientation des collèges. Les lycées d'enseignement professionnel participent de ce fait à la rénovation des collèges car ils offrent formellement une diversification des voies d'accès à la fin du premier cycle et constituent l'un des moyens de mise en place du collège pour tous.

Le sens de l'orientation vers le LEP à l'issue de la classe de 5ᵉ change, d'autoritaire il devient volontaire, d'orientation professionnelle il devient professionnel (pour les CAP maintenus) et scolaire (cycle technologique). Choisir le cycle technologique à l'issue de la classe de 5ᵉ, ce n'est plus choisir un métier, c'est choisir une formation de deux ans à l'issue de laquelle il faudra choisir soit une formation professionnelle (BEP) soit une formation scolaire (seconde de lycée). C'est l'annonce du transfert progressif du palier d'orientation de cinquième vers le palier d'orientation de troisième.

Les CAP vont connaître une seconde modification fondamentale par le biais de la rénovation des BEP. Dès 1983, la direction des lycées souhaite rénover les formations de niveau V en vue d'en limiter la « segmentation et la parcellisation » [5].

La réforme entreprise se traduit par une articulation du BEP et du CAP :
– le BEP sanctionne la maîtrise approfondie d'un champ professionnel large et une capacité d'adaptation, il peut dorénavant intégrer un ou plusieurs CAP ;
– le CAP reste plus proche de la maîtrise d'un métier, et peut se préparer dans le cadre de la formation donnant accès au BEP. Un élève qui obtient le BEP est également reconnu titulaire des CAP qui lui sont intégrés. À l'issue de la classe de 3ᵉ, un élève qui accède aux études conduisant au BEP peut donc, après deux ans de scolarité, soit obtenir le BEP (et les CAP inclus), soit seulement l'un de ces CAP, soit échouer à l'ensemble. Le BEP devient le diplôme fondamental du niveau V, et prend définitivement le dessus sur le CAP dans la hiérarchie des qualifications ouvrières, vingt ans après sa création. Quelques CAP trois ans, comme nous l'avons dit plus haut, sont néanmoins maintenus à l'issue de la classe de 5ᵉ.

Enfin, en 1985, les LEP deviennent LP et le baccalauréat professionnel conduisant au niveau IV de qualification est créé et implanté dans les LP. Le baccalauréat professionnel se prépare en deux ans à l'issue du BEP. Il est prévu dans le même temps de supprimer progressivement les brevets de technicien existants et de les remplacer par des baccalauréats technologiques ou des baccalauréats professionnels. Les anciens centres d'apprentissage ont donc dorénavant le statut de lycée, puisqu'ils conduisent au baccalauréat, et la formation ouvrière est profondément bouleversée dans la mesure où la dignité de bachelier lui est reconnue.

D. Les années quatre-vingt-dix

La rénovation pédagogique des lycées, entreprise à la suite de la promulgation de la loi d'orientation sur l'éducation du 10 juillet 1989, restructure en une même démarche l'ensemble des modifications introduites dans les lycées et les lycées professionnels entre 1980 et 1992. La RPL, en associant pour la première fois dans l'histoire du système éducatif et dans la même réforme une transformation des structures pédagogiques des lycées et des lycées professionnels, donne un sens nouveau au second cycle du second degré.

Le second cycle du second degré est présenté comme comprenant trois voies de formation « d'égale dignité ». La voie générale conduit aux baccalauréats généraux, la voie technologique conduit aux baccalauréats technologiques, et la voie professionnelle conduit aux baccalauréats professionnels. Ces trois voies connaissent une structure pédagogique identique. Elles comprennent un cycle de détermination, composé de la classe de seconde générale et technologique pour les voies générales et technologiques, et du BEP pour la voie professionnelle. Les classes de seconde des lycées, et les classes de BEP constituent ainsi un nouveau cycle au sein du second degré, cycle défini par une mission commune, préparer les élèves au choix des filières et séries du cycle terminal.

Pour la première fois également dans l'histoire du système éducatif, les classes de première et terminale sont structurées en cycle, appelé terminal. Ce cycle terminal comprend deux niveaux, les classes de première et de terminale, et il a pour fonction essentielle de préparer au baccalauréat de la spécialité choisie, et à l'orientation vers l'enseignement supérieur. Les lycées professionnels connaissent dorénavant une structure pédagogique isomorphe à celle des lycées. Le chemin parcouru est considérable. Les CET dits « enseignement technique court », sont devenus lycées professionnels et ils préparent aux formations d'une voie présentée à égale dignité avec les voies générale et technologique.

La structuration pédagogique introduite par la RPL donne une nouvelle unité au second cycle du second degré. Mais elle lui donne également une nouvelle cohérence, issue de l'articulation voulue, à un premier niveau, entre le cycle d'orientation des collèges et le cycle de détermination des lycées et des lycées professionnels. La complémentarité des deux cycles est renforcée par l'introduction du BEP dans le cycle de détermination, et par son assimilation fonctionnelle à la classe de seconde générale et technologique. Un deuxième niveau d'articulation est renforcé, le palier d'orientation installé entre le cycle de détermination et le cycle terminal. Il y a là également une plus grande cohérence dans la mesure où les différentes séries préparant aux baccalauréats généraux, technologiques et professionnels sont toutes incluses au sein d'un même cycle, le cycle terminal.

Le LP peut accueillir dans le cycle technologique un élève de 14 ans à l'issue d'une classe de 5e pour l'amener au brevet, lui permettre l'accès en seconde générale et technologique ou en BEP et, ce diplôme obtenu, l'amener au baccalauréat professionnel ou au baccalauréat technologique par la première d'adaptation maintenue dans les lycées. Le LP comprend trois cycles d'enseignement spécifiques successifs, le cycle technologique, le cycle de détermination avec le BEP, et le cycle terminal avec le bac pro. Intégré au système éducatif dans les années soixante, il devient en 1985 un système dans le système éducatif puis un élément de plus en plus intégré au second cycle à partir de 1992. Il s'agit d'un système, car de la gestion des flux à l'issue de l'un des cycles en amont dépendra l'évolution du cycle situé en aval. L'interdépendance des cycles, mais aussi leur relative indépendance due à leur attachement au collège (fin de cinquième pour la classe de 4e technologique, fin de troisième pour la première année de BEP) et au lycée (fin de BEP pour la première d'adaptation), en font un système de formation à l'intérieur du système éducatif.

E. Note de synthèse

Il est bon de rappeler par six organigrammes les évolutions décrites ci-dessus et de déterminer les conséquences éventuelles qui en découlent.

Organisation des CET, des lycées d'enseignement professionnel et des lycées professionnels

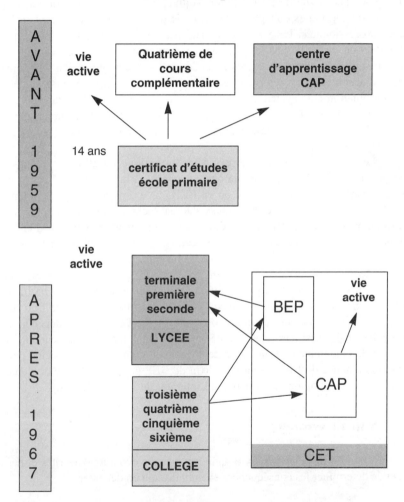

QUEL SENS DONNER À L'ENSEIGNEMENT PROFESSIONNEL ? 21

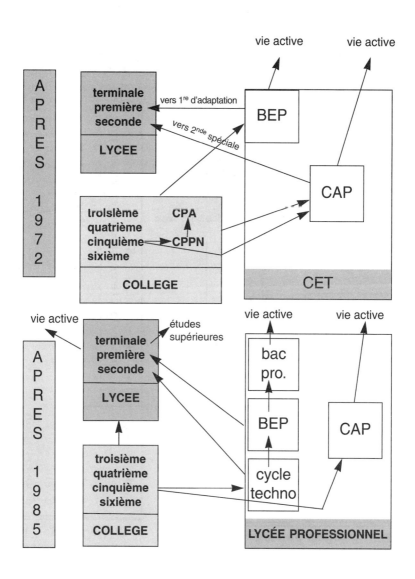

Organisation générale du second degré

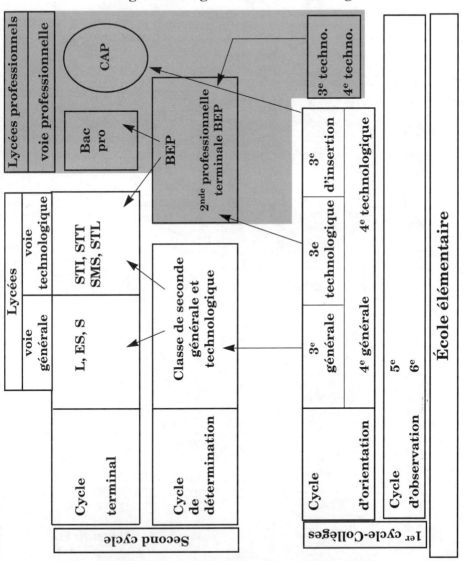

Décret 92-57 du 17 janvier 1992 et circulaires de janvier 1991 et janvier 1992 sur les élèves en difficulté dans le cycle d'orientation et sur les classes de troisième d'insertion.

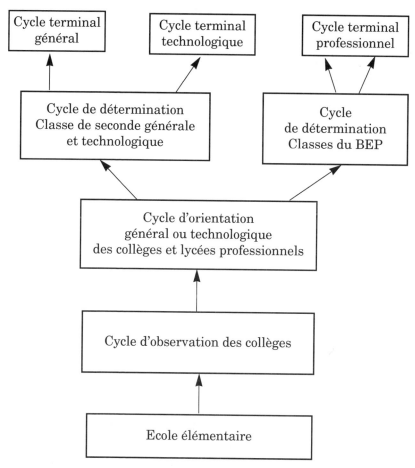

Ce schéma fait clairement apparaître que du cycle d'observation au cycle terminal, il existe une continuité éducative qui peut être atteinte soit par la classe de seconde générale et technologique, soit par le BEP. Quelle que soit la nature du cycle de détermination choisi, général et technologique, ou BEP, l'élève peut atteindre le cycle terminal et le niveau du baccalauréat.

3. Les effectifs scolarisés en LP

La transformation progressive des structures pédagogiques du second cycle est accompagnée d'une diminution des effectifs des LP, et d'un bouleversement des rapports entre les effectifs scolarisés dans chacun des niveaux concernés. On observe :
– une diminution progressive des formations conduisant au CAP en trois ans ;
– une augmentation des effectifs scolarisés en BEP ;
– une progression très forte de ceux qui sont accueillis en bac pro.
Il est possible de préciser ces données dans les tableaux et graphiques suivants.

Les effectifs du second degré
Évolution, France métropolitaine

Effectifs[1]	1960 1961	1970 1971	1975 1976	1980 1981	1985 1986	1990 1991	1992 1993
Collèges	2 353,1	2 919,8	3 162,7	3 137,9	3 346,9	3 134,6	3 228,3
LP	383,2	650,6	746,3	773,2	805,8	696,8	677,7
Lycées	421,9	848,6	960,8	1 102,6	1 207,6	1 570,9	1 552,8
Total	3 158,2	4 419	4 869,8	5 013,7	5 360,3	5 402,3	5 458,8

1. Public-privé, hors enseignement spécialisé.　　　　　　　　　　　　Source : DEP

A. La diminution des effectifs de LP

La diminution des effectifs commence en 1985 avec la suppression progressive des CAP, puis est accentuée dans les années qui suivent par le transfert des quatrièmes et troisièmes technologiques en collège. De fait, le lycée professionnel est dorénavant quasi entièrement consacré aux formations post troisième.

B. Le poids des formations au sein des LP

Exclusivement consacré à la préparation des CAP en trois ans en 1966, le CET a vu sa structure pédagogique enrichie du BEP en 1967, du baccalauréat professionnel et du cycle technologique en 1985. Cet enrichissement progressif des voies de formation s'est effectué sur la base d'un effectif global relativement constant depuis dix ans, ce qui facilite d'autant les comparaisons.

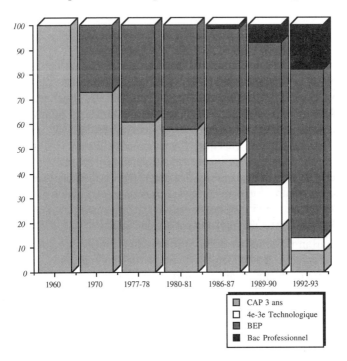

France	1960	1970	1977-1978	1980-1981	1986-1987	1989-1990	1992-1993
CAP 3	100	73	61,0	58,0	45,0	18,5	8,8
4e-3e tech.	0	0	0	0	6,0	17,0	5,1
BEP	0	27	39,0	42,0	47,5	57,2	67,9
Bac pro	0	0	0	0	1,5	7,3	18,2
Total	100	100	100	100	100	100	100
Effectifs	383 200	650 600	595 000	601 500	656 800	674 600	714 147

Source : Ministère de l'Éducation nationale

L'évolution des structures d'accueil est très rapide, on peut noter à ce sujet qu'entre 1980 et 1989, le poids relatif des structures réservées aux élèves de cinquième (CAP trois ans et cycle technologique) et celui des structures réservées aux élèves de troisième (BEP et bac pro. ultérieur) est inversé. Au niveau national, en 1980, sur 100 élèves de LP, 58 étaient scolarisés en CAP trois ans ; en 1992, sur 100 élèves, il n'y a plus que 13,9 élèves accueillis en CAP trois ans et dans le cycle technologique. Le lycée professionnel s'est tourné vers la formation de type BEP et le niveau IV au détriment des formations réservées aux élèves de cinquième. Au sein de ces dernières, les CAP trois ans, qui accueillaient en France 365 000 élèves en 1977-1978, n'en accueillent plus que 63 000 en 1992-1993, soit une division par six des effectifs.

La diminution progressive de la part des CAP au bénéfice des BEP est ancienne, et a suivi le développement des scolarités en collège : il fallait alors offrir des poursuites d'études aux élèves qui terminaient en plus grand nombre le premier cycle. Le mouvement a été considérablement accéléré à partir de 1985, car à la proportion croissante d'élèves qui achevaient le premier cycle, il fallut alors ajouter les effectifs du cycle technologique à qui il fallait aussi offrir une poursuite d'études après la troisième. Enfin, la création des bac pro. imposait la présence en amont (BEP) d'un vivier d'élèves important et susceptible d'alimenter à la fois les bac pro. et les premières d'adaptation. Toutes les tendances du système éducatif dans les années quatre-vingt vont dans le sens d'un développement des formations post troisième en LP, au détriment des formations post cinquième.

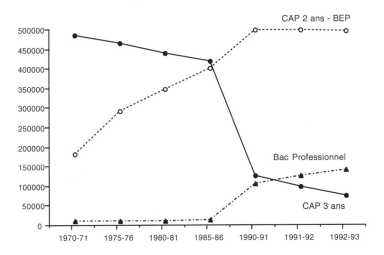

4. Le LP au cœur de logiques différentes qu'il faut concilier

La fonction du LP est inscrite dans plusieurs logiques : la logique économique, la logique sociale, la logique scolaire, la logique administrative et institutionnelle.

A. La logique économique

Le système scolaire et l'enseignement professionnel en particulier évoluent dans un environnement économique et social caractérisé par de profondes mutations. Ces dernières, associées à la croissance du taux de chômage des jeunes sortant du système éducatif, ont partiellement provoqué l'évolution des structures pédagogiques du lycée professionnel. L'enseignement professionnel en France fait généralement l'objet de violentes critiques de la part d'employeurs, qui affirment ne pas disposer du réservoir de main-d'œuvre dont ils ont besoin, stigmatisent l'inadaptation des qualifications acquises au lycée professionnel aux exigences des qualifications requises dans le monde du travail. Les lycées professionnels ne produiraient ainsi pas la qualité de main-d'œuvre attendue sur le marché du travail.

Ces critiques fréquentes, justifiées ou non, traduisent la problématique dans laquelle est inscrite la conception des formations et des diplômes de l'enseignement professionnel. Il s'agit, dans tous les cas, de trouver le meilleur équilibre ou le meilleur compromis entre la réponse que l'on doit apporter aux exigences immédiates du marché du travail, et les exigences prévisibles de ce même marché à moyen terme. Il faut en effet que les jeunes sortants, munis de leur diplôme professionnel, aient la capacité de trouver un emploi, et donc de s'inscrire dans les exigences actuelles du marché, mais en même temps ils doivent disposer d'outils, d'une culture, qui leur permettent de s'adapter aux transformations des qualifications requises.

En simplifiant le problème, ou bien on privilégie les savoirs et savoir-faire exigés aujourd'hui, au risque de mettre les jeunes dans la situation d'être dépassés demain, ou bien on privilégie les savoirs et savoir-faire susceptibles d'être exigés demain, et on fait courir le risque aux jeunes d'être inadaptés face aux exigences des emplois d'aujourd'hui. Cette alternative est certes caricaturale, mais elle traduit les difficultés devant lesquelles sont placés le système éducatif et les lycées professionnels.

Le problème que pose l'économie à la formation professionnelle des jeunes est complexe, car il traite d'un objet lui-même complexe : la qualification. La qualification appartient à plusieurs champs sociaux dont celui de l'enjeu social salarial et celui de la relation formation-emploi ; de ce fait, la formation des qualifications, donc celle dispensée par les lycées professionnels, prend son sens dans la complexité des rapports sociaux qu'engendrent l'usage et la rémunération des qualifications.

Au-delà du problème salarial ou de la relation formation-emploi, le concept de qualification peut appartenir à plusieurs catégories susceptibles d'en rendre compte. Michel Freyssenet [6] envisage plusieurs catégories aptes à rendre compte du concept d'usage de la qualification [7] :

– la qualification requise pour occuper un poste de travail donné, définie par la tâche à effectuer ;

– la qualification réelle du travailleur, ses compétences, capacités, savoirs et savoir-faire ;

– la qualification attribuée officiellement aux postes de travail, résultant essentiellement de luttes sociales visant à faire reconnaître la qualification ouvrière de ceux qui occupent ces postes ;

– la qualification attribuée à un travailleur issu d'une formation (voir les niveaux de formation et de qualification de l'Éducation nationale, qui font correspondre à chaque niveau de diplôme un niveau de qualification. Le niveau VI correspond ainsi à la sortie de l'école sans formation professionnelle ; le niveau V bis à une sortie de formation professionnelle non validée par un diplôme ; le niveau V au niveau CAP-BEP ; le niveau IV au baccalauréat ; le niveau III au 1er cycle de l'enseignement supérieur (DEUG) ou enseignement supérieur technique court (DUT-BTS) ; les niveaux I et II à quatre années d'études après le baccalauréat et au-delà) ;

– la qualification exigée à l'embauche, comme seul et signe de potentialités détenues par l'individu ;

– la somme des qualifications réelles que suppose un processus de travail ;

– la qualification attribuée par les organismes officiels de statistiques soit aux emplois, soit aux travailleurs (voir les différentes nomenclatures existantes dans le domaine des enquêtes emploi, recensement ou insertion des jeunes).

Comment concilier toutes ces données pour construire des formations débouchant sur des diplômes adaptés et adaptables ? Il s'agit ici d'un défi majeur posé aux lycées professionnels. Nous verrons dans le chapitre suivant que c'est à ce défi que s'attaquent les commissions professionnelles consultatives, créées au sein de la direction des lycées et collèges au ministère de l'Éducation nationale.

B. La logique sociale

Si les lycées professionnels doivent apporter des réponses aux questions posées par la relation formation-emploi, ils doivent également offrir des formations susceptibles d'être assimilées par les publics scolaires qu'ils accueillent. En ce sens, et parce qu'ils ont dans leur histoire prioritairement accueilli des élèves en difficulté dans l'enseignement général, des élèves issus de catégories sociales modestes, les LP développent des actions qui trouvent leur sens dans la logique sociale. Les programmes d'enseignement, s'ils doivent s'accommoder des contraintes économiques, doivent également être adaptés à des publics qui disposent initialement de niveaux scolaires qui ne leur ont pas permis de réussir dans l'enseignement général, et qui généralement éprouvent de grandes difficultés dans les disciplines telles que les mathématiques, les lettres, et l'expression écrite. Comment concilier les exigences croissantes du milieu professionnel avec la capacité d'apprendre du public scolarisé ? Trois données statistiques permettent d'illustrer, à partir de l'origine sociale des élèves, ce que nous appelons la logique sociale. Ces données sont directement issues des publications du ministère de l'Éducation nationale (Direction de l'évaluation et de la prospective).

Le tableau ci-contre se lit de la manière suivante : sur 100 élèves scolarisés en première année de CAP en 1984-1985, 47,6 % sont issus de familles ouvrières (seconde colonne) alors que ces dernières ne représentent que 34,3 % des entrants en sixième quatre ans plus tôt, en 1980 (dernière colonne). À l'inverse, les enfants de « cadres supérieurs et professions intellectuelles » représentent 14,6 % des élèves de classe de 4e alors qu'ils ne représentent que 10,3 % des entrants en sixième. Le même phénomène se reproduit à l'issue de l'orientation de fin de troisième, avec une sur-représentation des enfants d'ouvriers en BEP (38,6 % pour 34,3 % des entrants en sixième) et une sous-représentation des enfants de « cadres supérieurs-professions intellectuelles » (4,5 % pour 10,3 des entrants en sixième).

Le phénomène est confirmé en 1991-1992 par le suivi du panel d'élèves entrés en sixième en 1989, mais cette fois dans la distribution des élèves admis en classe de 4e générale ou en quatrième technologique.

Répartition dans les différentes classes en 1984-1985

CSP du chef de famille	Après l'orientation 5ᵉ		Après l'orientation 3ᵉ			Entrée en sixième en 1980
	4ᵉ	1ᵉ an CAP	2ⁿᵈᵉ IES	2ⁿᵈᵉ techno	1ᵉ an BEP	
Agriculteurs	4,3	3,1	3,7	3,9	4,6	6,1
Artisans, commerçants, chefs d'entr.	9,5	7,3	10,2	9,6	9,1	9,9
Cadres et prof. intell.	14,6	1,9	23	12,5	4,5	10,3
Professions inter.	19	9	21,5	22,6	13,9	17,3
Employés	17	15,4	16,5	17,2	17,9	16,9
Ouvriers	29,7	47,6	19,3	27,2	38,6	34,3
Retraités/ inactifs	5,3	13,9	5,3	5,8	10,3	4,2
Aide sociale	0,5	1,8	0,5	1	1	
Total	100	100	100	100	100	100

Source : DEP

Lecture du tableau ci-contre : en deux ans, 4,9 % des élèves (ensemble) entrés en sixième en 1989 sont admis en classe de 4ᵉ technologique. 4,9 % représente un taux d'admission moyen, par rapport auquel on observe que ce sont 8,2 % des enfants de personnel de service et 8,6 % des enfants d'ouvriers non qualifiés qui rejoignent la classe de 4ᵉ technologique contre seulement 0,8 % des enfants d'enseignants ou de cadres supérieurs. Comme dans le commentaire précédent, on note le phénomène inverse pour l'admission en classe de 4ᵉ générale : pour un taux moyen d'admission en classe de 4ᵉ générale de 71 %, 55,9 % des enfants de personnel de service y parviennent pour 92,2 % des enfants d'enseignants et 90,5 % des enfants de cadres supérieurs. Les logiques économiques et sociales constituent un premier cadre pour le développement de la formation professionnelle, un second cadre est tracé par l'organisation administrative de la France. Ce second cadre représente la logique administrative et institutionnelle, qui détermine partiellement les structures et l'évolution de l'enseignement professionnel.

C. La logique administrative et institutionnelle

L'administration de l'Éducation nationale est partiellement décentralisée, et de plus en plus déconcentrée au niveau régional. Les lycées professionnels sont touchés par les lois de décentralisation pour deux raisons essentielles.

D'une part, comme les lycées d'enseignement général et technique, les lycées professionnels connaissent une attribution de moyens de fonctionnement et d'investissement qui relèvent du budget du conseil régional. Seule une partie du matériel pédagogique, une partie de l'équipement en machines, relèvent de dotations d'État. En ce sens, les lycées professionnels appartiennent au droit commun de la décentralisation des moyens de fonctionnement et d'investissement.

D'autre part, et ceci est plus spécifique aux lycées professionnels, ces établissements ont des perspectives de développement qui relèvent directement du schéma prévisionnel des formations. Les conseils régionaux doivent en effet élaborer, en liaison avec les rectorats, des schémas prévisionnels, ou plus simplement des plans de développement des filières de formations professionnelles initiales et continues et de l'apprentissage. Jusqu'à présent, la formation continue, la formation initiale (les LP), l'apprentissage relevaient chacun d'un schéma prévisionnel qui lui était particulier. La loi quinquennale sur l'emploi adoptée par le Parlement en novembre 1993 comprend des dispositions qui élargissent

Taux d'accès en deux ans en quatrième par profession et catégorie sociale/panel 1989

	4ᵉ générale	4ᵉ techno	Ensemble 4ᵉ
Agriculteur exploitant	74,5	5,0	79,5
Artisan commerçant	70,3	4,5	74,8
Chef d'entreprise	80,4	1,6	82,0
Cadre et profession libérale	90,5	0,8	91,3
Enseignant	92,2	0,8	93,0
Profession intermédiaire	81,9	2,0	83,9
Contremaître	76,1	5,8	81,9
Employé	70,7	4,3	75,0
Personnel de service	55,9	8,2	64,1
Ouvrier qualifié	63,7	6,5	70,2
Ouvrier non qualifié	56,6	8,6	65,2
Non actifs et divers	51,5	9,9	61,4
Ensemble	**71,0**	**4,9**	**75,9**

Source : DEP

les compétences des régions en matière de définition des filières de formation. L'élargissement de ces compétences est accompagné de la décision de limiter le nombre de schémas prévisionnels des formations professionnelles à un seul. Ce schéma comprendra donc à terme toutes les formations professionnelles, qu'elles relèvent de la formation initiale, de la formation continue ou de l'apprentissage.

Par ailleurs, on note que les textes réglementaires prévoient une adaptation possible des formations définies nationalement aux besoins des entreprises locales. Depuis le début des années quatre-vingt existent ainsi des formations complémentaires d'initiative locale (FCIL), qui permettent à des jeunes en formation initiale de compléter une formation dispensée uniformément sur le plan national par une adaptation aux besoins exprimés sur le plan local. La loi quinquennale sur l'emploi étend les possibilités d'adaptation au niveau local.

La décentralisation entreprise en 1986, l'extension de la déconcentration au recteur, et la loi quinquennale sur l'emploi placent donc les lycées professionnels dans un mouvement, dans une perspective de développement, qui maintient la définition nationale des formations mais qui permet des développements différenciés de celles-ci selon les régions, et qui autorise leur adaptation aux besoins locaux. La logique scolaire se trouve à l'intersection des trois logiques précédemment explicitées, les logiques économique, sociale, administrative et institutionnelle.

D. La logique scolaire

Les lycées professionnels et l'organisation de leurs études reposent ainsi sur l'évolution de la relation formation-emploi, sur la nature du public particulier qu'ils accueillent, et sur les institutions qui les gèrent. La fonction du lycée professionnel dans le second degré, les réflexions relatives aux filières professionnelles, et d'une manière générale la conception des diplômes sont partiellement déterminées par ces trois logiques, auxquelles il convient d'ajouter la part qui revient à l'enseignement professionnel lui-même, qui porte dans son histoire et dans la composition de son corps enseignant des facteurs explicatifs complémentaires des variables énumérées ci-dessus.

Le lycée professionnel, intégré dans le système éducatif au début des années soixante, prend son sens dans l'évolution de ce système, mais en même temps il contribue à lui donner du sens. C'est en effet parce qu'il a fallu accueillir des parts croissantes de générations dans des tranches d'âge jusque-là exclues de l'école (14 à 16 ans) que les CET ont connu un doublement de leurs effectifs entre 1960 et 1970. C'est aussi pour cette raison qu'en 1967, contrairement aux dispositions de la réforme Fouchet de 1963, le CAP trois ans après la classe de 5e est maintenu. La circulaire de préparation de rentrée 1967, dans les établissements de second degré, précise sur ce point que les CET jouent un rôle dans la prolongation de la scolarité obligatoire. Il faut en effet prévoir des mesures qui permettent l'accueil des élèves âgés de 14 ans, confrontés pour la première fois dans l'histoire du système français à la nécessité de rester à l'école jusqu'à 16 ans. C'est en 1967 que s'applique pour la première fois l'obligation scolaire, celle-ci décidée en 1959 était prévue pour les élèves alors âgés de 6 ans (entrant au CP) en 1959. Les élèves âgés de 6 ans en 1959 atteignent l'âge de 14 ans en 1967.

Le maintien des CAP est présenté comme une « orientation nécessaire pour répondre aux exigences de la prolongation de la scolarité, et dans cette voie il est même prévu la création de nouvelles sections de ce type ». Une autre circulaire est spécifiquement consacrée en juin 1967 à l'accès des élèves au CET (formation en trois ans). Ce texte pose clairement le problème de l'accueil et de la fonction instrumentale que l'on souhaite voir jouer aux CET pour scolariser des enfants de 14 à 16 ans dont l'accueil semble poser quelques problèmes : « L'attention des autorités locales est attirée sur le fait que l'obligation de scolarité impose plus que jamais de veiller à ce que toutes les places disponibles dans les sections professionnelles des CET soient occupées. On ne saurait admettre qu'un certain nombre de places restent vacantes, et un effort particulier devra être fait dans ce domaine pour la rentrée 1967. »

Cette détermination du CET et de l'enseignement professionnel par le contexte général du système éducatif n'est pas sans effet en retour. Le maintien des CAP trois ans à titre « transitoire » pour accueillir les 14-16 ans aura un impact fort sur l'organisation et le déroulement des opérations d'orientation, au niveau du palier d'orientation de fin de cinquième. De déterminé, le maintien du CAP devient déterminant des procédures et modalités de tri des élèves à l'issue des deux premières années du collège, et préfigure la scission du collège en deux cycles, un cycle sixième-cinquième accueillant tous les élèves, et un cycle quatrième-troisième n'accueillant que ceux qui ont fait la preuve de leurs capacités à réussir dans l'enseignement général.

Le CET prend donc son sens dans le système éducatif, mais il contribue aussi à donner du sens à ce dernier. Le milieu des années quatre-vingt, avec la création du baccalauréat professionnel, permettra de vérifier une nouvelle fois que si la création de ce diplôme est en partie due à « l'objectif de conduire 80 % d'une classe d'âge au niveau du baccalauréat en l'an 2000 », le lycée professionnel et le bac pro., de déterminés deviendront déterminants dans la structuration des études du second cycle du second degré (notamment au niveau du développement des premières d'adaptation des lycées). Nous reviendrons sur ce problème ultérieurement.

La logique de formation à laquelle sont confrontés les lycées professionnels relève de l'impérieuse nécessité de prendre en compte les besoins de l'économie et le niveau des élèves accueillis dans un contexte institutionnel donné : comment organiser les interactions, les recouvrements qui existent entre les champs économique, social, institutionnel et scolaire ?

Il semble possible de résumer ce qui précède, au risque de caricaturer les relations existant entre ces différents champs, dans l'organigramme suivant :

L'enseignement professionnel et son environnement

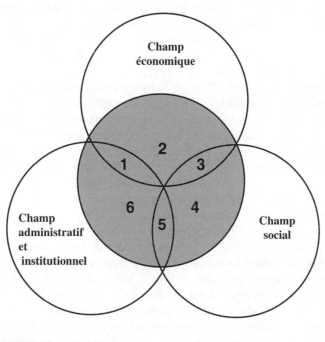

Ce schéma figure le recouvrement entre les différents champs qui constituent l'environnement de l'enseignement professionnel et celui de l'école. Au centre du schéma se trouve le champ scolaire, au cœur des échanges entre les champs cités. Les zones numérotées dans le champ scolaire représentent les recouvrements entre champs différents. On peut noter qu'il existe des recouvrements qui ne concernent que deux champs, ce sont les zones paires 2-4-6. Les zones impaires 1-3-5 représentent les recouvrements entre trois champs. Quelles significations donner à chacun de ces recouvrements, à chacune de ces zones d'interactions ?

Nous pensons qu'à chacune des zones de recouvrement correspond un domaine scolaire particulier, qui tend à répondre aux besoins exprimés par le champ périphérique. À chaque recouvrement correspond la genèse d'un problème généré par les deux champs externes à l'école que cette dernière doit contribuer à résoudre en intégrant les contraintes de chacun des champs, dont les siennes. Par exemple, la zone 2 représente la réponse apportée par l'école aux exigences du champ économique, réponse apportée dans le cadre de la relation formation-emploi. Cette réponse est donnée sous la forme de programmes d'enseignement, de contenus d'enseignement destinés à forger chez les élèves des capacités et compétences susceptibles d'être utilisées par le milieu professionnel. La création des référentiels d'emploi, des référentiels de formation et des référentiels de diplômes s'inscrit dans ce contexte.

La zone 4 représente le recouvrement entre le champ social et le champ scolaire. Nous avons vu que sur le plan sociologique les lycées professionnels accueillent des catégories socioprofessionnelles plutôt défavorisées. Il n'est point utile ici de s'y attarder, tant les études de sociologie scolaire l'ont montré. Confrontés à un public d'élèves en difficulté dans l'enseignement général, les LP sont contraints de développer des méthodes pédagogiques susceptibles d'aider les élèves à s'adapter aux exigences des programmes d'enseignement. Le recouvrement entre le champ scolaire et le champ social est constitué par l'ensemble des outils et méthodes pédagogiques que les lycées professionnels ont créés et développés pour prendre en charge les élèves en difficulté.

La zone 6 concerne le recouvrement entre le champ administratif et institutionnel et le champ scolaire. Nous avons vu plus haut que les structures pédagogiques des établissements relevaient d'un schéma prévisionnel des formations préparé, dans le cadre de la décentralisation, par les instances régionales. Le recouvrement entre ces deux champs concerne l'évolution de la structure pédagogique des établissements.

Nous pouvons maintenant passer aux zones notées en nombres impairs 1, 3 et 5. Chacune de ces zones représente le recouvrement ou les interactions existant entre trois champs. La zone 1 se situe à l'intersection des champs économique, administratif et institutionnel, et scolaire. Le milieu économique et le milieu politique, administratif et institutionnel ont souhaité en 1979 pendant le ministère Beullac, développer les relations école-entreprise. Cette politique d'ouverture de l'école à l'entreprise a été poursuivie par Alain Savary et amplifiée par Jean-Pierre Chevènement en 1984 et 1985. Cette collaboration école-entreprise voulue par les politiques et le champ administratif et institutionnel a pris la forme d'un mode de formation nouveau dans la formation initiale des ouvriers en France : les séquences éducatives en entreprise, puis l'alternance. Cette dernière, gérée par l'école, et elle existe par les volontés institutionnelle et économique, se déroule pour partie en entreprise (dans le champ économique).

Le champ 3 concerne le recouvrement entre les champs social, économique et scolaire. Les exigences de l'emploi, formulées par le champ économique, rencontrent la situation de relatif échec que connaissent les jeunes scolarisés dans l'enseignement professionnel. Il faut dans cette interaction, dans ce recouvrement, tenir compte des niveaux de formation exigés par l'emploi, et des niveaux de formation assimilables par les publics. Le champ scolaire doit s'adapter aux exigences de ces deux contraintes, il doit les reformuler, les refondre et les traduire en termes de niveau d'exigence à l'entrée en formation et à l'issue des formations. Autrement dit, le niveau d'exigence des commissions d'admission en lycée professionnel et le niveau d'exigence des diplômes que dispense l'enseignement professionnel sont partiellement la résultante des contraintes économiques et sociales gérées par l'école, sous forme de sélection des élèves à l'entrée et de certification des connaissances à la sortie.

La zone 5 concerne le recouvrement des champs social, administratif et institutionnel, et scolaire. À ce niveau, on peut penser que l'administration a développé dans l'école des modes de gestion des publics (champ social) susceptibles d'être accueillis en lycée professionnel (champ scolaire). À l'intersection de ces trois niveaux se trouvent les procédures d'admission et d'orientation qui, créées par l'administration en vue de gérer les flux d'élèves, s'imposent aux LP.

Chacune des zones de recouvrement concerne donc un domaine spécifique de l'enseignement professionnel : l'alternance, les référentiels d'emploi et de formation, les niveaux d'exigence développés par l'enseignement professionnel, les méthodes pédagogiques, les procédures d'orientation, et la détermination des structures pédagogiques. Il s'agit ici de données spécifiques à l'enseignement professionnel, de données engendrées par l'action de champs externes à l'enseignement professionnel, mais créées par (et au sein de) l'enseignement professionnel. Les réponses apportées par les établissements scolaires qui se trouvent au centre de l'ensemble de ces interactions ne sont pas des réponses uniques et uniformes sur l'ensemble du territoire national. Chaque établissement a développé la capacité de créer sa propre différence. Cette analyse structurelle ne doit en effet pas laisser croire que la détermination des LP par l'externe est totale. Les acteurs locaux traduisent les besoins et apportent des réponses qui trouvent leur diversité dans la diversité de leurs cultures et de leurs histoires.

Les données traitées dans ce chapitre montrent que l'enseignement professionnel est un objet d'étude complexe profondément ancré dans les dynamiques sociales. Le second chapitre sera limité au champ de la formation, à celui des diplômes et à celui de la conception des diplômes.

NOTES

1. CROZIER M., FRIEDBERG E., *L'acteur et le système*, Seuil, Points, Politique, Paris, 1977.
2. CHARLOT B., « 80 % niveau Bac : derrière le symbole quelles politiques ? » *Éducation permanente,* n° 92, Paris, 1988.
3. PROST A., *Les lycées et leurs études au seuil du XXIe siècle*, CNDP, 1983.
4. TANGUY L., *L'introuvable formation-emploi*, La Documentation française, Paris, 1986.
5. CEREQ, *Rénovation du niveau V de formation*, 1987.
6. FREYSSENET, M., *Peut-on parvenir à une définition unique de la qualification ?*, La Documentation française, Paris, 1978.
7. PAUL J.-J., « Les analyses françaises de la relation formation-emploi », *Revue française de pédagogie*, n° 64, Paris, 1984.

CHAPITRE II

Les diplômes

Afin de présenter les formations dispensées par l'enseignement professionnel, nous diviserons ce chapitre en cinq parties : la première sera consacrée à la méthodologie mise en œuvre pour créer ou modifier les diplômes, la deuxième traitera des contraintes que fait peser l'environnement sur la conception des diplômes, la troisième du certificat d'aptitude professionnelle, la quatrième du BEP, la dernière du baccalauréat professionnel.

1. La méthodologie de construction des diplômes

La définition des diplômes s'inscrit dans un contexte général difficile à cerner, conflictuel. En effet, au-delà du diplôme se trouve la définition d'une qualification, de son contenu, de son niveau. Cette définition connaît des implications sociales dans l'entreprise, liées au salaire. Chaque définition de diplôme s'inscrit dans la définition du champ salarial. De cette liaison entre diplôme, qualification et salaire, naissent des zones de conflits entre les représentants des employeurs qui définissent les qualifications requises, l'école qui définit les qualifications acquises, les représentants des salariés qui ont des stratégies de développement salarial dans leurs différents champs d'activité. La définition d'un diplôme et/ou son actualisation sont donc inscrites dans le champ social, dans le champ des relations entre employeurs, salariés et école. Nous n'analyserons pas dans le cadre limité de cet ouvrage la sociologie de conception des diplômes, nous nous limiterons à l'exposé des instances susceptibles de gérer les contradictions qui naissent et se développent entre les différents acteurs cités ci-dessus.

La direction des lycées et collèges, et en son sein le secrétariat général des commissions professionnelles consultatives, ont publié ces dernières années des documents qui précisent la méthodologie utilisée pour supprimer, créer ou actualiser les diplômes. Ces documents, intitulés « CPC documents » (CPC = commission professionnelle consultative), présentent les instances, commissions, organismes concernés par la définition des diplômes ; ils précisent également les étapes nécessaires à leur élaboration. On peut schématiquement résumer en cinq phases principales la genèse d'une formation relevant de l'enseignement professionnel[1].

La première phase consiste à préparer la décision de création. Cette phase, dite « d'opportunité », est consacrée à l'instruction du dossier, à la consultation des partenaires, à la décision de créer ou de ne pas créer, d'actualiser ou de ne pas actualiser.

Si la décision prise consiste à créer ou actualiser un diplôme, commence alors une deuxième phase consacrée à l'élaboration du contenu technique et réglementaire de la formation et des diplômes. C'est alors que sont définis les référentiels des formations et les programmes d'enseignement.

La troisième phase consiste à préparer l'implantation de la formation. La sensibilisation des enseignants, dans le cadre par exemple d'un plan de formation consacré à l'enseignement professionnel et géré par les MAFPEN (mission académique à la formation des personnels de l'Éducation nationale), fait partie de cette phase.

La quatrième phase se déroule en concomitance avec la troisième, elle est consacrée à l'implantation physique des sections dans les établissements scolaires, prévue dans le cadre du schéma prévisionnel des formations.

La cinquième et dernière phase est la phase dite d'évaluation. Elle permet d'apprécier le diplôme, et la formation qui y conduit, sous différents aspects : les difficultés pédagogiques rencontrées, l'origine des élèves, le devenir des diplômés et leur insertion professionnelle sur le marché du travail.

Ces cinq phases peuvent être très rapides si un certain nombre de conditions sont réunies :
– si les partenaires acceptent de travailler conjointement,
– si les employeurs financent la formation par la taxe d'apprentissage,
– si les syndicats d'enseignants acceptent le plan de formation et y participent,
– si les instances régionales inscrivent le développement de la nouvelle formation dans leur schéma prévisionnel.

Autant de conditions déterminantes du rythme de la modernisation des formations professionnelles.

On voit donc que si la création d'un diplôme peut être génératrice de conflits à cause du rapport salarial, son implantation et son développement spatial sur le territoire national s'inscrivent également dans des contextes sociologiques et politiques complexes : l'attitude syndicale enseignante, la question du financement des supports pédagogiques, celle de la décentralisation au niveau régional.

Oublier tous ces phénomènes pourrait faire croire que la définition des diplômes et des formations ne relève que de décisions « technocratiques », alors qu'en réalité elle embrasse tout le champ sociopolitique. La technocratie se limite le plus fréquemment à la gestion des conflits susceptibles de se développer, ce qui en soi n'est pas un pouvoir négligeable. La décision résulte d'un processus complexe, dans lequel tous les acteurs cités prennent leur part de responsabilités. Que sont les commissions professionnelles consultatives ?

Elles ont été créées en 1948 et ont connu depuis diverses actualisations de leurs missions[2]. Elles ont auprès du ministre des fonctions d'avis et de propositions « sur la définition, le contenu et l'évolution des formations dans les branches professionnelles relevant de leur compétence ; sur le développement des moyens de formation en fonction de l'évolution des débouchés professionnels et des besoins de la branche d'activité considérée ; sur les questions d'ordre technique et pédagogique et ayant trait à l'élaboration et à l'application des programmes, des méthodes de formation et à leur sanction ».

Il est en outre prévu que les CPC formulent des avis sur la « détermination et la révision permanente, compte tenu des perspectives d'évolution des professions, de leur compétence, des besoins de formation aux différents niveaux et la mise en place, le développement ou la rénovation des moyens de formation correspondants ».

Les CPC sont une instance de consultation obligatoire lors de la définition et/ou de l'actualisation des diplômes, des formations qui y conduisent, et des méthodes et supports pédagogiques utilisés. Elles sont un lieu de concertation et de gestion des conflits se développant entre les partenaires sociaux pour tous les diplômes de l'enseignement technologique et professionnel.

Il existe 19 CPC au sein du ministère de l'Éducation nationale, chaque CPC traitant d'un secteur professionnel particulier. D'autres CPC existent dans les ministères disposant d'organismes de formation professionnelle comme le

ministère de l'Agriculture, et le ministère du Travail et des Affaires sociales. Chaque CPC est composée de quatre collèges :
– un collège d'employeurs comprend les représentants des organisations professionnelles les plus concernées par la spécialité de la CPC ;
– un collège de salariés rassemble les représentants syndicaux des centrales représentatives au niveau national ;
– un collège de pouvoirs publics associe des représentants du ministère, de l'Inspection générale de l'Éducation nationale, du Centre d'étude et de recherche sur l'emploi et les qualifications (CEREQ) ;
– enfin, un collège de personnalités qualifiées accueille les représentants des organisations syndicales enseignantes, des associations de parents d'élèves, des chambres de commerce et d'industrie, des chambres de métiers, et des conseillers de l'enseignement technologique. Les CPC ont un mandat de quatre ans.

L'ensemble des CPC est rassemblé dans une instance commune, le comité interprofessionnel consultatif (CIC), destiné à traiter des problèmes transversaux à l'ensemble des secteurs professionnels. Le CIC dispose d'un groupe permanent qui, réuni trois ou quatre fois par an et présidé par le Directeur des lycées et collèges, donne son avis sur les problèmes généraux concernant l'enseignement technique et professionnel. Les CPC, quant à elles, sont davantage spécialisées et ne traitent que des problèmes de leurs secteurs professionnels. La Direction des lycées et collèges travaille essentiellement avec les représentants des employeurs, des salariés, des enseignants, mais elle s'adjoint également la compétence d'experts, l'Inspection générale de l'Éducation nationale et le CEREQ. Les représentants du CEREQ et de l'Inspection générale travaillent ensemble au sein de groupes d'enseignement technologique (GET). Chaque groupe est spécifique et traite d'un problème sectoriel particulier, son existence est éphémère, elle s'éteint avec la définition des solutions retenues.

Le processus de création ou d'actualisation d'un diplôme peut être résumé en deux phases principales, sous réserve de faire abstraction du processus de réalisation et de mise en œuvre sur le terrain :

• *Phase 1* : la phase d'opportunité[3]

Cette phase comprend la rédaction d'un dossier dit d'opportunité. Il présente un état des lieux aussi exhaustif et objectif que possible, en matière de demande de qualification (expression des milieux professionnels) et de formation offerte (ensemble des formations existantes dans le secteur considéré). Il s'agit donc d'un dossier de cadrage qui comprend plusieurs vecteurs, l'économie du secteur, les technologies utilisées, l'organisation du travail, l'évolution des emplois et des qualifications, les types de formation existants. Ces vecteurs consistent en analyses quantitative (évolution statistique) et qualitative (contenu des qualifications, organisation du travail). Le dossier d'opportunité est une étape préliminaire, indispensable à la genèse des formations et des diplômes. C'est sur lui que repose toute la justification sociale et économique de la création de la formation, ou de son évolution. C'est à partir des données contenues dans le dossier que la commission professionnelle consultative compétente élaborera la formation et le diplôme.

Le dossier d'opportunité comprend généralement trois parties :
– les données sur la main-d'œuvre du secteur,
– des éléments sur la structure des emplois,
– des données sur le diplôme existant sur le secteur.

Le secteur professionnel est décrit selon le nombre d'actifs et selon leurs caractéristiques (personnelles et de formation). La population active du secteur est ainsi appréhendée à partir des données de l'INSEE (recensement de populations, enquête emploi). L'INSEE dispose de séries chronologiques qui permettent d'étudier les évolutions, d'identifier les tendances de l'emploi dans le secteur.

La structure des emplois est ensuite décrite selon l'organisation et la hiérarchie du travail dans l'entreprise, mais également en termes d'activités professionnelles des salariés employés dans le secteur considéré. Cette partie du dossier tend à répondre aux questions suivantes : Que font les salariés considérés ? Quelles relations entretiennent-ils avec les autres salariés ? Quelles fonctions occupent-ils dans les rouages de l'entreprise ? Les travaux des sociologues du travail, les recherches conduites par le CEREQ, sont autant de données qui permettent de se forger une bonne représentation de ce que font les salariés, en fonction de leur place dans l'organisation du travail.

Enfin, le ministère de l'Éducation nationale, grâce aux banques de données de la direction de l'Évaluation et de la Prospective (DEP), peut dresser le tableau de l'ensemble des formations relevant du secteur d'activité considéré, faire apparaître le nombre d'élèves scolarisés dans les différentes voies, l'origine de ces élèves, les flux d'orientation au sein de ces voies et à l'issue de celles-ci, l'insertion professionnelle des jeunes à la sortie du système éducatif. Les enquêtes annuelles de rentrée permettent de déterminer l'orientation des élèves, d'identifier les effectifs et leur évolution d'année en année ; les enquêtes insertion DEP - CEREQ, effectuées huit mois après la sortie auprès des jeunes quittant le système éducatif, permettent de connaître les taux d'insertion de ceux-ci. Le CEREQ dispose en outre de données issues d'enquêtes dites de « cheminement » qui donnent une bonne représentation des parcours professionnels effectués par les jeunes pendant une période de cinq ans à compter de leur sortie du système éducatif. Ces enquêtes de cheminement sont particulièrement utiles pour identifier les secteurs professionnels dans lesquels les jeunes diplômés sont les plus prisés, c'est-à-dire les plus embauchés, mais aussi les secteurs professionnels dans lesquels les jeunes ne font que passer brièvement à leur sortie de l'école.

Disposant ainsi d'une image macroscopique, macro-économique du secteur d'activité, d'une image de l'organisation du travail majoritairement utilisée dans le secteur, et du bilan des formations existantes, la CPC peut alors juger de « l'opportunité » de créer un nouveau diplôme, de transformer ou de supprimer un diplôme existant.

• *Phase 2* : la phase de conception et de réalisation

À l'issue de ce travail préalable, la CPC définit le référentiel des activités professionnelles (appelé auparavant référentiel de l'emploi). Un référentiel est constitué d'un ensemble d'éléments formant un système de références. Il s'agit des références des capacités et compétences exigées dans l'emploi pour lequel le diplôme est créé, des références des capacités et compétences professionnelles développées dans la formation, des références des connaissances technologiques et organisationnelles associées à ces capacités et compétences. L'emploi est donc au cœur de la définition de ce nouveau type de programme d'enseignement qu'est le référentiel, c'est sur la base de la description produite dans le référentiel des activités professionnelles qui traduit les qualifications requises, que sont conçus les contenus et les modes de validation de la formation.

Le référentiel des activités professionnelles décrit le champ d'intervention et les tâches principales de l'emploi, c'est-à-dire ce que fait le salarié et l'ensemble au sein duquel il évolue. Le référentiel des activités professionnelles (RAP) répond à trois catégories d'exigences :

– il donne une vision synthétique des activités ;
– il précise les activités et le contexte dans lequel elles évoluent ;
– il doit être accessible par un non-spécialiste du secteur professionnel.

La lecture des documents relatifs au baccalauréat professionnel « Productique-mécanique » permet de préciser la nature du référentiel de l'emploi[4] :
« L'évolution des marchés et la variabilité des besoins des consommateurs provoquent la modernisation du système de production dans le sens d'une meilleure adaptabilité.

« Cette modernisation implique de nouveaux modes d'organisation, le décloisonnement des fonctions, une gestion plus collective des tâches, une responsabilisation plus grande des équipes de production. C'est dans cette perspective que le champ d'intervention du titulaire du baccalauréat « productique-mécanique » a été délimité aux tâches principales suivantes :

1. La préparation décentralisée des processus opératoires relative à l'ensemble des composants du système de production : fabrication, contrôle, manutention et gestion. La préparation, le préréglage et la gestion des outils, des systèmes d'installation et d'alimentation des pièces.

2. Le réglage et la mise en œuvre de chacun des composants du système de production, l'exécution et la vérification de l'action.

4. La maintenance du premier niveau de l'ensemble du système de production et la mise en œuvre des procédures de diagnostics.

Le titulaire du baccalauréat « productique-mécanique » est donc un technicien d'atelier, ayant globalement la maîtrise de la gestion et de la conduite d'un ensemble de moyens de production relatif à l'obtention de familles de produits. Il devra être, en outre, un homme de dialogue et de communication capable de s'intégrer dans une équipe et de situer son activité dans le cadre global de l'entreprise.»

Les quatre tâches principales décrites ci-dessus (préparation décentralisée des processus, réglage et mise en œuvre, conduite, suivi, optimisation, maintenance) sont ensuite caractérisées par trois données : les conditions de début de l'opération, les conditions de réalisation de cette opération, et les résultats qu'on en attend. À titre d'exemple la quatrième tâche relative à la maintenance est décrite ci-dessous :

TÂCHE 4
La maintenance de premier niveau
La mise en œuvre des procédures de diagnostic

1. Conditions de début
– Les notices de maintenance des différents composants du système de production.
– Les produits conformes aux recommandations des constructeurs.
– Le livre de bord.

2. Conditions de réalisation

2.1. Lieux
– Sur le site de la production.
– Sur les composants du système.

2.2. Liaisons
– En autonomie pour la maintenance préventive systématique de premier niveau.
– Avec le personnel habilité pour les autres opérations de maintenance (maintenance préventive conditionnelle et corrective).

2.3. Références et moyens
– Documentation technique relative aux différents composants du système de production.
– Notices d'utilisation des produits et lubrifiants.
– Moyens d'assistance à l'information, la décision et la maintenance.

3. Résultats attendus
– La maintenance préventive systématique de premier niveau prévue dans les notices.
– La tenue d'un livre de bord.
– La description des séquences et des situations précédant les dysfonctionnements.
– La mise en œuvre des procédures de diagnostic relatives aux différents composants.
– La relance des systèmes de production après une interruption de processus ou un aléa de fonctionnement.
– L'appel au service de maintenance en cas de dysfonctionnement majeur du système.
– Des propositions d'amélioration relatives à la maintenance.

Lorsque le référentiel des activités professionnelles est achevé, il est nécessaire d'identifier les compétences nécessaires à la réalisation de ces tâches. Par exemple, pour la quatrième tâche décrite ci-dessus (maintenance de premier niveau), le salarié devra développer deux types de compétence :
– effectuer la maintenance préventive systématique de premier niveau ;
– mettre en œuvre les procédures de diagnostic.

Ces deux compétences identifiées, il faut les traduire en connaissances à transmettre par l'école à des jeunes qui, recevant cette formation, pourront ensuite intégrer les emplois appartenant au champ du référentiel des activités professionnelles énoncé plus haut. Par exemple, la mise en œuvre des processus de diagnostic suppose l'acquisition de connaissances dans trois grands domaines :
– la communication et le dialogue ;
– l'organisation des systèmes ;
– la gestion de la production.

Ces connaissances sont décrites par le ministère de l'Éducation nationale sous le terme « connaissances technologiques et organisationnelles associées », elles constituent le programme à enseigner, et au-delà le champ de connaissances à tester lors de l'examen qui servira à délivrer le diplôme. Les connaissances relatives à l'organisation des systèmes, qui sont nécessaires à l'activité de gestion préventive, supposent la maîtrise des concepts relatifs aux systèmes technologiques, à l'organisation des systèmes de production automatisés, à l'organisation des moyens de production automatisés... La gestion de la production suppose des connaissances dans le domaine de l'évolution de la gestion de la production, de l'ordonnancement de la production, du suivi et de l'ajustement de la production, et des connaissances dans le domaine de la maintenance des moyens de production.

L'ensemble des observations qui précèdent peut être résumé dans la définition suivante : un référentiel de formation repose sur un référentiel d'activité professionnelle à partir duquel les capacités et compétences professionnelles attendues du titulaire du diplôme sont précisément définies.

Le référentiel répond à plusieurs logiques :
• Une logique fonctionnaliste de l'éducation : l'emploi est le premier, car la formation est définie en fonction de l'emploi et des tâches qui seront effectuées dans le poste de travail. Les disciplines et matières d'enseignement trouvent leur sens dans l'utilisation professionnelle qu'en fera le titulaire du diplôme.

- Une logique analytique :
  - l'emploi est divisé en tâches supposant la maîtrise de capacités ;
  - les capacités sont divisées en compétences ;
  - les compétences reposent sur des connaissances.

- Une logique d'évaluation : alors que les programmes d'enseignement traditionnel semblent construits sur une logique d'apprentissage, les référentiels de formation sont construits sur une logique d'évaluation. La suite des connaissances à acquérir n'est pas organisée selon une architecture constructiviste de la connaissance, selon une logique de savoir, mais selon des savoirs et savoir-faire évaluables comme « compétences terminales » à atteindre pendant la formation.

Le tableau ci-après résume l'ensemble des démarches entreprises pour créer le baccalauréat professionnel productique. Trois sous-ensembles ont été identifiés. Le premier comprend les quatre tâches principales citées plus haut, le deuxième précise les capacités et compétences terminales nécessaires à l'exercice des quatre tâches du premier sous-ensemble, le troisième sous-ensemble rassemble les connaissances technologiques qui fondent les capacités et compétences terminales décrites dans le deuxième sous-ensemble. Il existe donc une liaison linéaire entre d'une part les tâches à réaliser dans l'emploi, les compétences nécessaires à l'exercice de ces tâches, et les connaissances technologiques nécessaires pour fonder ces compétences.

Les référentiels ne posent pas le problème de l'acquisition des connaissances, mais ils posent le problème de l'investissement des connaissances dans l'action, donc celui du savoir pour agir. Les référentiels de formation sont des modèles d'action associant le simple au complexe, l'action à la cognition. Mais cette association linéaire activité-connaissance peut faire craindre une parcellisation du savoir, si à chaque action correspond un savoir. Le savoir professionnel, la culture technique sont fragmentés en autant d'éléments que le futur ouvrier rencontrerait de situations dans le cadre professionnel. On pourrait ainsi imaginer que la formation consiste à développer des conduites adaptatives constituées de réponses spécifiques à des situations spécifiques. La procédure analytique utilisée dans le cadre de la conception des référentiels peut ainsi dénaturer complètement l'activité ouvrière, en la fragmentant de telle sorte que les référentiels risquent d'être encore plus éloignés du réel que ne l'était la formation prévue dans les anciens programmes de formation.

LES DIPLÔMES 51

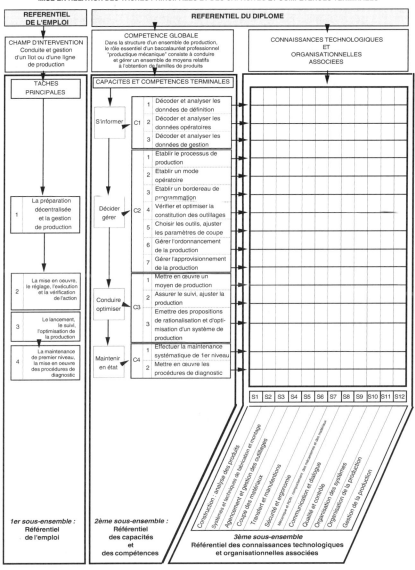

Chaque action à laquelle l'élève est préparé est proche d'une action réelle dans l'entreprise, mais comment réaliser la synthèse de l'ensemble pour parvenir à cette culture de métier, à cette culture technique que tous, professionnels et pédagogues, souhaitent voir se développer ? La réponse à cette question n'est pas présente dans les référentiels, et tout se passe comme si l'élève était capable de réaliser lui-même les synthèses nécessaires. La formation ne dispense-t-elle pas que des instruments d'action ?

L'ensemble des diplômes de l'enseignement professionnel est dorénavant organisé sous forme de référentiels. Ces diplômes peuvent être atteints soit par la voie de l'apprentissage, soit par la voie de la formation en établissement scolaire, soit par la voie de la formation continue. L'objectif de la Direction des lycées et collèges est de permettre l'accès sous deux formes de validation, l'examen ponctuel terminal ou les unités capitalisables.

Quelle est l'évolution qu'ont connue les CAP, BEP, bac pro., ces dernières années ? Quel est l'état des lieux de la formation professionnelle initiale ?

2. Le cadre général de l'évolution des diplômes

Les travaux du Haut comité éducation économie (HCEE), les productions de la sociologie du travail sur la formation continue des salariés, et les productions du CEREQ ont marqué de leur empreinte les décisions prises pendant la décennie quatre-vingt sur l'évolution des formations professionnelles initiales. Nous limiterons dans les lignes qui suivent notre analyse aux données produites par le HCEE et le CEREQ. Pour plus de clarté, nous reprendrons les conclusions auxquelles ces deux organismes ont abouti.

En juillet 1987, le Haut comité éducation économie publie un document traitant « des niveaux de formations à l'an 2000, les besoins des utilisateurs, des éléments de réponse pour l'Éducation nationale »[5]. Les conclusions du HCEE sont issues d'un travail effectué par le « Bureau d'information et de prévision économique » (BIPE). Les travaux du BIPE font apparaître une évolution considérable de la répartition des niveaux de qualification de la main-d'œuvre entre 1982 et l'an 2000. Pour mémoire, rappelons ce que l'on entend par niveau de qualification en France.

Définition des différents niveaux de formation

Niveau VI - Sorties du premier cycle du second degré (6ᵉ, 5ᵉ, 4ᵉ) et des formations préprofessionnelles en un an (CEP, CPPN, CPA).

Niveau V bis - Sorties de 3ᵉ et des classes du second cycle court avant l'année terminale (dans les résultats présentés ici pour l'an 2000, le niveau VI inclut le niveau V bis).

Niveau V - Sorties de l'année terminale des cycles courts professionnels et abandons de la scolarité du second cycle long avant la classe terminale.

Niveau IV - Sorties des classes terminales du second cycle long et abandons des scolarisations post-baccalauréat avant d'atteindre le niveau III.

Niveau III - Sorties avec un diplôme de niveau bac + 2 (DUT, BTS, instituteurs, DEUG, écoles des formations sanitaires et sociales, etc.).

Niveaux II + I - Sorties avec un diplôme de second ou troisième cycle universitaire, ou un diplôme de grande école.

Le tableau ci-après (p. 54) résume les prévisions effectuées entre 1982 et l'an 2000 selon les niveaux de qualification et de formation.

Le document du HCEE apporte les commentaires suivants :
« On note une élévation de la qualification de la population active entre 1982 et 2000. En l'an 2000, 38 % des actifs, soit 9,4 millions de personnes, ont un niveau de formation égal ou supérieur à celui du baccalauréat, au lieu de 22 % des actifs en 1982, soit moins de 5 millions de personnes. On constate que :
– le niveau VI s'effondre de 56 % à 32 % (- 4,1 millions d'actifs) ;
– le niveau V (+ 2,5 millions) remplace partiellement le niveau VI ;
– la croissance du niveau IV (+ 1,9 million) est particulièrement sensible au niveau des employés administratifs, des ouvriers qualifiés, des techniciens ;
– le nombre d'actifs au niveau III progresse (+ 1,2 million). Il y aura 3,5 fois plus de techniciens en l'an 2000 qu'en 1982, et la moitié d'entre eux ressortiront du domaine électricité, électronique, informatique dans le secteur de la production, mais aussi dans celui de la maintenance.
– la croissance aux niveaux II et I est très vive. La population d'actifs, à ce niveau, fait plus que doubler ».

Flux nets annuels moyens de recrutement par niveau de formation

NIVEAUX	I - II	III	IV	V	VI	TOTAL
Population active occupée 1982	1 181 000	1 202 000	2 383 000	4 766 000	11 935 000	21 467 000
Structure 1982 (%)	5,5	5,6	11,1	22,2	55,6	100
Population active occupée 2000	2 617 000	2 450 000	4 296 000	7 377 000	7 886 000	24 623 000
Structure 2000 (%)	10,6	10,0	17,4	30,0	32,0	100
Tx de croissance annuel 1982-2000 (%)	4,5	4,0	3,3	2,5	- 2,3	0,8
Flux net annuel 1982-2000	80 000	69 000	106 000	145 000	- 225 000	175 000

Source : BIPE/HCEE 1987

À partir de ces données et de ces conclusions, le Haut comité éducation économie suggère une augmentation rapide du nombre de bacheliers professionnels, et fait remarquer que la production de diplômés au niveau V est excédentaire. Il s'agit de provoquer une diminution des flux de sortie de niveau V (CAP trois ans en particulier). Le Haut comité éducation économie propose donc une forte croissance du niveau IV, la diminution des CAP et une progression des BEP susceptibles d'alimenter les futures sections préparant aux baccalauréats professionnels. Le milieu des années quatre-vingt a également été fortement marqué par les travaux réalisés par le CEREQ sur « la rénovation du niveau V de formation ». Le numéro 29 de la collection des études parues en janvier 1987 est consacré à la structure des formations professionnelles et à la réforme du niveau V (voir note 7, chapitre I).

Le CEREQ fait remarquer la trop grande segmentation et parcellisation des formations professionnelles de ce niveau, segmentation qui ne permet pas aux ouvriers professionnels, trop spécialisés dans leur domaine, de maîtriser les capacités et compétences nécessaires à une réelle adaptation aux évolutions technologiques en cours. Le CEREQ fait observer que l'évolution technologique provoque des exigences nouvelles au niveau de l'emploi, qui peuvent s'exprimer dans les termes suivants :
– adaptabilité et mobilité ;
– responsabilité et autonomie dans la réalisation du travail ;
– complexification et imbrication des technologies et des fonctions ;
– appui de la formation professionnelle sur la formation générale (capacités de raisonnement élargies).

À partir de ce constat, le CEREQ propose de faire du BEP le diplôme essentiel et central du dispositif de formation professionnelle. Il propose :
– de réduire les champs professionnels des BEP ;
– de définir un BEP de façon centrale par rapport à plusieurs CAP, et d'intégrer au sein des BEP plusieurs CAP.

Le BEP tend donc à devenir le diplôme essentiel de la formation professionnelle car il intègre plusieurs CAP et il est la condition nécessaire pour accéder aux formations conduisant au baccalauréat professionnel.

Le BEP acquiert ainsi une fonction double, qui repose sur l'acquisition d'une qualification ouvrière de niveau V, et sur une fonction propédeutique pour l'accès au niveau IV. Cette proposition du CEREQ anticipe les décisions prises dans le cadre de la RPL, qui consiste à assimiler le BEP au cycle de détermination des lycées. Le BEP est ainsi une voie de formation et une voie d'orientation. Le contexte général de la conception des diplômes repose sur la conception d'une élévation du niveau de formation des employés, ouvriers et techniciens. Cette conception a été traduite en termes forts par Jean-Pierre Chevènement en 1985 dans ce qui est devenu le slogan analysé plus haut « 80 % d'une classe d'âge au niveau IV en l'an 2000 ». Quelle est la situation de chacun des diplômes aujourd'hui ?

3. Le CAP [6]

Longtemps considéré comme le certificat de l'excellence ouvrière, le certificat d'aptitudes professionnelles (CAP) a connu une impressionnante diminution d'effectifs en formation initiale ces dernières années. Le constat et la problématique développés par Lucie Tanguy dans son rapport sur « Quelles formations pour les ouvriers et les employés en France ? »[7] nous ont amené à tenter d'identifier le sens de la formation conduisant au CAP entre 1959 et 1992. Dans ce qui suit, les causes de la dévalorisation de ce diplôme tant scolaires qu'économiques et sociales sont inventoriées. Des perspectives d'évolution sont tracées. Une analyse partielle des conditions de la réussite de cette évolution est proposée. Objet de toutes les condamnations ou de toutes les louanges, le CAP concentre à lui seul bon nombre des incertitudes et des contradictions véhiculées par le système éducatif. Profondément ancré dans l'histoire du monde ouvrier et de sa culture, ce diplôme a connu des évolutions pour le moins contrastées.

A. Un diplôme en sursis depuis trente ans

Un certain nombre de transformations ont affecté la préparation au CAP trois ans en formation initiale. La modification des structures pédagogiques des établissements de formation constitue à cet égard un premier élément qu'il semble utile de rappeler.

En 1959, les centres d'apprentissage sont remplacés par les collèges d'enseignement technique (CET), le CAP y est préparé en trois ans à l'issue, et ceci est nouveau, de la classe de 5ᵉ des collèges. Cette mesure fait du CET l'un des éléments de la structure des formations destinées à accueillir les élèves jusqu'à 16 ans. Quatre ans plus tard, le 3 août 1963, le ministère Fouchet modifie le décret du 6 janvier 1959 en reportant la « formation des professionnels qualifiés » à l'issue de la troisième des collèges et en la réduisant à deux ans. Cette disposition supprime en droit le CAP trois ans et préfigure ce que seront à compter de 1967 les CAP deux ans et les brevets d'études professionnelles (BEP). Cependant, la progression de la démographie scolaire et la prolongation de la scolarité obligatoire amènent les gestionnaires à maintenir provisoirement le CAP trois ans, mais « ces exigences immédiates ne doivent pas faire perdre de vue que l'objectif à moyen terme demeure la transformation progressive des sections CET trois ans en sections CET deux ans ».

Cette mort annoncée des CAP trois ans se traduit en réalité, à moyen terme, par une officialisation de leur maintien lors du vote de la Loi d'orientation sur l'enseignement technologique du 16 juillet 1971 qui ramène l'admission des élèves dans ces sections à l'issue de la classe de 5e.

Cinq ans plus tard, les décrets pris en application de la réforme Haby, le 28 décembre 1976, ne prévoient plus le CAP trois ans à l'issue de la classe de 5e. Comme en 1963 cette décision ne sera pas appliquée et le CAP trois ans sera maintenu à titre provisoire. Enfin, la loi d'orientation sur l'éducation du 10 juillet 1989 précise que « la nation se fixe comme objectif de conduire d'ici dix ans l'ensemble d'une classe d'âge au minimum au niveau du CAP ou du BEP et 80 % au niveau du baccalauréat ». Le CAP retrouve ici une nouvelle jeunesse. Mais de quel CAP s'agit-il ? La loi ne précise ni la durée ni les conditions d'admission.

Supprimé, recréé, puis progressivement transformé en cycle technologique et inclus dans les BEP, le CAP semble avoir fait l'objet depuis trente ans de politiques pour le moins hésitantes et contradictoires.trois ensembles de données permettent de situer le CAP : il est représentatif et victime de la hiérarchisation des cultures, il est porteur d'une finalité ambiguë, il occupe le dernier rang de la hiérarchie des formations professionnelles initiales.

B. La hiérarchisation des cultures

Une clarification du vocabulaire s'impose. Parle-t-on de l'enseignement technique ? De l'enseignement technologique ? Ou de l'enseignement professionnel ? La loi du 16 juillet 1971 traite de « l'enseignement technologique », celle du 23 décembre 1985 programme « l'enseignement technologique et professionnel ». L'enseignement technologique de 1971 s'est donc diversifié en deux voies, la voie technologique et la voie professionnelle, qui toutes deux coexistent avec la voie générale (voir sur le sujet le décret du 17 janvier 1992 relatif à l'organisation des formations dans les lycées, *BOEN* n°4 du 23 janvier 1992). Cette dichotomie du technique installe une différenciation culturelle entre ce qu'il est convenu d'appeler la culture générale, la culture technologique et la culture professionnelle. Cette différenciation ne tient pas seulement aux contenus mêmes des cultures concernées, mais aux positions sociales ultérieures auxquelles chacune des trois voies de formation conduit. Des postes de direction et de conception auxquels prépare la voie générale, il est aisé de constater que l'on passe aux postes de réalisation et d'exécution avec la voie professionnelle. Le CAP appartient comme le BEP et le bac pro. à la voie professionnelle et en tant que tel il apparaît bien comme « un enseignement minoré et relativement méprisé, réservé à ceux qui échouent dans l'enseignement dit général ». La différenciation culturelle introduite entre les trois voies d'enseignement semble davantage reposer sur une hiérarchie que sur de simples différences.

C. Une finalité ambiguë

Du fait de la hiérarchie évoquée plus haut, le CAP acquiert une double finalité, qui rend ambiguë la formation. En effet, selon les besoins du moment, le CAP peut ainsi être présenté soit comme le moyen de résorber une catégorie d'élèves que l'enseignement général ne peut accueillir, soit comme le moyen de donner accès à un emploi qualifié. Cette formation est ainsi porteuse d'une image contradictoire, positive quant à la qualification, négative quant au public.

Les années qui suivent la mise en place de la prolongation de la scolarité obligatoire sont à cet égard particulièrement éclairantes. Le CAP est alors systématiquement présenté comme structure d'accueil des élèves de quatorze ans et plus qui ne trouvent pas de place, ou qui ne trouvent pas leur place, dans l'enseignement général. Les élèves sortant des classes de fin d'études sont ainsi demeurés prioritaires pour l'admission dans les sections de CAP qui « continuent à recruter essentiellement au sortir de ces classes et pour une scolarité de trois ans ». Il faut aussi « prévoir les mesures qui permettront l'accueil dans les sections de CET trois ans pour tous les élèves possédant les aptitudes convenables qui souhaiteraient y accéder à l'issue de la classe de fin d'études. Cette orientation est nécessaire pour répondre aux exigences de la prolongation de la scolarité... »[8].

Par obligation faite aux CET d'accueillir prioritairement ces publics, il est porté atteinte à la crédibilité du diplôme, d'autant plus que les conditions de recrutement sont, à cet effet, bouleversées. Avant 1967, ne peuvent entrer en première de CAP trois ans que ceux des candidats qui ont satisfait à l'épreuve d'un examen d'admission. Pratiquement tous les candidats sont issus des classes de fin d'études. « Pour la rentrée 1967 les examens d'entrée dans les sections en trois ans des CET sont supprimés. L'admission... est prononcée par le chef d'établissement demandé en premier choix... ». Le filtre à l'entrée par l'examen est supprimé afin « que toutes les places disponibles dans les sections professionnelles des CET soient occupées..., on ne saurait admettre qu'un certain nombre de places restent vacantes ». Le quantitatif prend dès lors le pas sur le qualitatif.

Le niveau d'accès au CAP trois ans évolue au fur et à mesure que la prolongation de la scolarité se met en place et que l'ensemble de la classe d'âge a accès aux classes de sixième. Le CAP trois ans est ouvert aux élèves de cinquième, de cinquième de transition, puis aux élèves de CPPN. Ce sont donc progressivement les exclus du collège qui prennent la place des élèves de fin d'études : le tableau ci-dessous permet d'apprécier l'évolution de la modification de la population de première année de CAP, de la fin des années soixante au début des années soixante-dix (à partir de l'origine des élèves).

Origine des élèves de première année de CAP 3 ans

Origine des élèves de 1ʳᵉ année de CAP	1970	1971	1972	1973
Fin d'études	46,2	27,5	13,5	/
5ᵉ	7,2	8,0	14,9	18,5
5ᵉ type III	19,0	27,4	35,0	41,9
4ᵉ	1,7	2,7	3,2	5,6
CPPN - 4ᵉ pratique	16,5	21,2	20,5	19,3
Autres (redoublements)	9,4	13,2	12,9	14,7
TOTAL	100	100	100	100

Source : DEP/ Ministère de l'Éducation nationale

Une troisième modification intervient dans la procédure d'admission en CAP trois ans en 1982 : « l'admission en classe de 4e préparatoire de LEP, en CPPN ou en CPA ne peut faire l'objet d'une proposition du conseil de classe (de cinquième) sans l'accord de la famille ». Cette mesure supprime de fait le palier d'orientation de fin de cinquième dans la mesure où un conseil de classe ne peut plus imposer aux élèves une voie dorénavant considérée comme d'exclusion. En droit, le palier d'orientation de fin de cinquième sera définitivement supprimé par le décret du 14 juin 1990 pris en application de la Loi d'orientation sur l'éducation du 10 juillet 1989. Dans les faits, l'orientation en CAP trois ans à l'issue de la classe de 5e est restée relativement stable de 1973 à 1981 (de 13,24 % à 12,12 % des élèves de cinquième accèdent au CAP), elle diminue légèrement jusqu'en 1985 (9,7 %) et chute du fait de l'introduction du cycle technologique à 1,8 % en 1992. Les CAP trois ans ne sont donc accessibles à ce jour qu'aux seuls élèves de 14 ans qui souhaitent intégrer volontairement cette voie de formation apparemment en extinction à l'issue de la classe de 5e.

À compter de 1980, les première et seconde années de CAP sont transformées en quatrième et troisième préparatoires. Elles sont suivies de la troisième année de CAP. Les quatrième et troisième préparatoires sont progressivement assimilées aux classes de quatrième et troisième des collèges. À l'issue de la classe de 3e préparatoire les élèves subissent les épreuves du brevet et ils disposent de possibilités de poursuites d'études identiques à celles qui sont offertes aux élèves de troisième des collèges : passage en troisième année de CAP, admission en première année de BEP, admission en classe de seconde et redoublement. La préparatoire au CAP perd de sa finalité professionnelle.

Enfin, il est prévu que l'accès à la « préparation d'un BEP peut être demandé par les élèves titulaires d'un CAP qui désirent élargir leur qualification tout en renforçant leur formation générale ». Le CAP est ici classé à un niveau nettement inférieur à celui du BEP.

Par la réforme des procédures d'admission et par l'introduction de voies de poursuites d'études offertes à ceux qui en sont titulaires, le CAP a perdu sa signification première. De voie d'excellence accessible après réussite à l'examen d'admission avant 1967, il est devenu une formation réservée aux élèves qui ne réussissent pas dans l'enseignement général et qui ne souhaitent plus tenter leur chance dans cette voie. Ce sont les élèves qui s'autocensurent, ceux qui doutent le plus de leurs capacités d'adaptation à la formation générale, qui effectuent une demande volontaire d'admission en CAP trois ans à l'issue de la classe de 5e. Or, comme ce sont les populations les plus défavorisées sur les plans culturel et scolaire qui s'autocensurent le plus, on a donné au CAP un statut de voie d'accueil pour élèves en difficulté sociale.

Les années 1980 ont consacré des formations professionnelles classées comme supérieures au CAP. Il en est ainsi du BEP qui inclut depuis 1983 et selon les spécialités un ou plusieurs CAP. Le diplôme inclus possède une définition plus faible que le diplôme incluant. Il en est ainsi également du baccalauréat professionnel qui est situé au-dessus du BEP et donc du CAP.

Formellement dépassé par de nouvelles formations professionnelles et n'en dépassant plus aucune dans la hiérarchie des diplômes, le CAP est devenu à la fin des années quatre-vingt le diplôme de base des formations ouvrières, alors qu'il en constituait le sommet au début des années soixante. La relégation du diplôme du CAP au dernier rang de la hiérarchie scolaire est-elle cohérente avec la place qui lui est faite dans la hiérarchie du marché du travail ? Est-il possible de tisser des relations entre les évolutions économique, technologique et d'organisation du travail et la relégation du CAP ?

Alors que les taux de chômage des CAP, BEP et du niveau IV étaient identiques en 1976, celui des CAP a connu une augmentation de 36 points en dix ans, celui des BEP de 26 points et celui du niveau IV de 14 points. Cette position peu favorable du CAP dans la course à l'insertion professionnelle s'est traduite par la mise en doute systématique de ce diplôme quant à son adéquation à l'emploi. L'augmentation du taux de chômage de jeunes diplômés du CAP a suscité des questions sur l'utilité de cette formation. Cette mise en doute fut alors globale, et c'est l'ensemble des formations conduisant au CAP qui fut condamné sans nuance au début des années quatre-vingt, alors que certaines spécialités débouchaient encore largement sur l'emploi : il aurait peut-être suffi de ne faire porter l'anathème que sur certains d'entre eux. Le CAP correspond-il encore à une qualification requise par le monde du travail ?

Le travail traditionnel peut être considéré comme une production d'énergie issue de la force de l'homme, ou dans une première étape de l'histoire industrielle comme source d'énergie naturelle. Le travailleur maîtrise sa force de travail que l'employeur s'approprie par le salaire. La rationalisation croissante du travail s'est traduite dans une seconde étape par une substitution des cadences et de la décomposition du travail professionnel à la force de travail. L'organisation scientifique du travail, le taylorisme ont poussé à l'extrême la destructuration de la production en unités de tâches professionnelles déqualifiées successives. Le travail est polarisé sur une ou deux tâches à répéter. L'introduction de l'électronique, de la micro-électronique et de l'informatique dans le processus de production conduit à une autre évolution. De la force de travail et de tâches répétitives on passe à la gestion des flux d'information dans des organisations de plus en plus systématisées, au sein desquelles chaque élément ou chaque acteur dispose d'une marge d'autonomie réelle. Les machines à commande numérique pénètrent des ateliers qui deviennent flexibles, les ordinateurs et la bureautique envahissent les bureaux.

Les analyses de la sociologie du travail du début des années quatre-vingt, en opposition avec celles des années soixante-dix, conduisent à penser que le travail humain garde une importance fondamentale dans la démarche d'automation. Les travaux effectués par Kern et Schuman montrent qu'en Allemagne de l'Ouest, les modèles de production évoluent vers l'articulation d'une double démarche. D'une part le travail vivant continue d'être rationalisé et éliminé, d'autre part on cherche à optimiser le travail vivant restant par la fusion de fonctions se traduisant par une augmentation de la qualification. On vise ainsi à réintroduire dans l'atelier l'intelligence productive. Le savoir-faire résiduel de l'ouvrier conçu comme irritant dans l'organisation taylorienne est ici considéré comme une composante indispensable du développement.

Ces évolutions se traduisent par une transformation radicale des qualifications attendues du salarié. Le CEREQ et la Commission éducation entreprises (ancêtre du Haut comité éducation économie) élaborent ainsi leurs recommandations et leurs propositions d'évolution du niveau V. La segmentation et la parcellisation des formations professionnelles sont remises en cause, et un nouveau modèle du travailleur fondé sur de nouvelles exigences est avancé : adaptabilité et mobilité, responsabilité et autonomie, complexification et imbrication des technologies et des fonctions, appui de la formation professionnelle sur la formation générale.

D. Un nouveau CAP

Parallèlement à ces analyses, des travaux sont menés sur le terrain pour tenter de qualifier les jeunes exclus du système éducatif. La mission « nouvelles qualifications » animée par Bertrand Schwartz met en évidence l'existence de parcelles de métiers négligées lors de l'implantation des technologies nouvelles. Parcelles qui, assemblées, peuvent constituer une nouvelle qualification de niveau V, du type CAP. Il apparaît aussi que certains métiers ne sont sanctionnés par aucun diplôme (chauffeur-livreur...) alors qu'ils pourraient relever du CAP. On prend conscience en outre de la diversité du tissu économique français et du fait que toutes les entreprises ne progressent pas au même rythme dans leur évolution technologique. Enfin, l'impact relatif du technologique sur l'organisation du travail est mis en évidence, et donne quelque consistance à la notion de relativisme technologique. L'automation ne s'accompagne pas partout, à la même vitesse, et avec la même densité, de la même évolution de l'organisation du travail. Dès lors le CAP n'apparaît plus ici comme un diplôme dépassé, mais comme un diplôme qu'il faut adapter plus que supprimer.

Les analyses économiques et sociologiques sur le CAP sont pour le moins fluctuantes. La décennie quatre-vingt montre qu'en période de renouvellement technologique intense, les qualifications les plus faibles sont rapidement et dans un premier temps globalement condamnées au nom de leur obsolescence et de leur manque de plasticité. Dans un second temps le relativisme technologique amène à poser les problèmes différemment, et ce qui est condamné retrouve quelque raison d'existence. Cet ensemble de données contradictoires, associé à l'objectif 100 % d'une classe d'âge au minimum au niveau du CAP, amène à s'interroger sur le bien-fondé de la condamnation globale de ce diplôme.

E. Le CAP des années quatre-vingt-dix/deux mille

Dans son rapport « quelle formation pour les ouvriers et les employés en France ? »[7] Lucie Tanguy établit d'emblée que le « mouvement de translation générale vers le haut (80 % au niveau du bac) a pour effet inévitable de faire apparaître les jeunes qui n'y participent pas comme ne disposant pas du minimum nécessaire pour accéder à un emploi ». Dans un second temps, elle montre « qu'il n'y a rien d'inéluctable du point de vue du système productif au déclin et à la dévalorisation des emplois requérant un niveau V de la formation » et que le maintien du CAP est justifié « à condition qu'il ne soit pas dénaturé en certificat d'employabilité mais demeure une certification de qualification de base qui s'intègre dans une filière professionnelle ».

Il y a ici trois exigences qu'il faut prendre en charge conjointement : les élèves en difficulté (les 20 %), l'identification de secteurs professionnels susceptibles de recruter au niveau V, et la définition d'une scolarité conduisant à une nouvelle certification. Quelles sont les réponses apportées par le ministère de l'Éducation nationale ?

Les mesures retenues s'inscrivent dans la logique politique de la Loi d'orientation sur l'éducation du 10 juillet 1989, mais aussi des dispositions qui seront prises en application de la loi quinquennale sur l'emploi. Quatre objectifs nous intéressent particulièrement ici : « Amener 80 % d'une classe d'âge au niveau du baccalauréat ne doit pas dispenser de donner une formation satisfaisante aux 20 % d'élèves qui ne pourront atteindre ce niveau » ; « le collège accueille l'ensemble d'une classe d'âge : tous les élèves doivent accéder en classe de 3e grâce à des voies diversifiées » ; « tout jeune atteint un niveau de formation reconnu (au minimum le CAP ou le BEP) » et/ou « tout jeune a droit à se voir offrir, avant sa sortie du système éducatif et quel que soit le niveau d'enseignement qu'il a atteint, une formation professionnelle » ; « par la formation continue, le service public de l'éducation favorise l'élévation de la population ». L'association de ces quatre points permet de penser la qualification des jeunes dans un processus de formation qui allie le collège, le lycée professionnel et la formation continue.

Dans sa note de service du 29 mai 1992, la direction des lycées et collèges précise les domaines ou secteurs professionnels à privilégier lors de la création de ces nouvelles sections. Il s'agit d'une part de faire évoluer la relation CAP-BEP afin de mieux identifier le premier lorsque les débouchés existent, d'autre part de créer de nouveaux CAP, en particulier dans le secteur des services et dans celui des nouvelles qualifications industrielles. Le principe directeur de cette nouvelle politique réside dans la volonté de n'ouvrir des sections que si les débouchés existent : l'emploi est premier, la fonction économique du CAP dépasse la fonction scolaire et sociale. Il ne s'agit plus seulement de créer des sections parce qu'il existe un public scolaire potentiel.

En cela, la priorité des années quatre-vingt-dix est en rupture avec la logique des années soixante fondée sur la satisfaction prioritaire des objectifs d'accueil des 14-16 ans. Le CAP en tant que diplôme professionnel, c'est-à-dire en tant que certification de compétences acquises, de capacités à apprendre et à se situer dans une hiérarchie ou un collectif de travail, ne peut que gagner en validité aux yeux de tous. Les employeurs pourront apprécier si les capacités acquises par le titulaire du diplôme correspondent aux capacités requises par l'emploi. Les familles et les élèves disposeront d'un diplôme d'insertion. Le pilotage du système envisagé nécessite rigueur et souplesse d'adaptation de la part de l'école. Rigueur, car il faudra mettre en place une réelle liaison école-entreprise pour identifier les besoins locaux. Souplesse, pour savoir supprimer les sections qui, créées quelques années plus tôt, connaissent l'obsolescence.

Il existait, au 1er septembre 1983, 314 CAP toutes options confondues. Entre le 1er septembre 1983 et le 1er septembre 19939 :
– 165 CAP ont été créés ou entièrement repensés ;
– 246 CAP ont été supprimés.

Au 1er septembre 1993 le nombre de CAP toutes options confondues est de 233, c'est-à-dire une diminution de 81 CAP en dix ans, soit pratiquement 25 % de leur nombre. 364 739 candidats se sont présentés au CAP en 1992. On peut considérer qu'il existe deux grandes catégories de candidats à ce diplôme :
– les candidats qui se présentent au CAP et en même temps au BEP (166 621 en 1992) ;
– les candidats qui se présentent uniquement au CAP, soit 198 118.

Ces candidats sont des apprentis (80 442), des élèves qui préparent le CAP en trois ans après la classe de 5e (42 500), les candidats qui préparent le CAP après la troisième (24 671), les candidats au titre de la formation continue, et les candidats libres.

4. Les BEP

Créés en 1967, les BEP ont connu diverses évolutions du point de vue des contenus de formation. Les horaires et contenus d'enseignement professionnel ont été redéfinis en 1971, les contenus d'enseignement général en 1973, puis à compter de 1984 tous les BEP ont été intégrés dans un processus dit de « rénovation pédagogique ». Cette dernière n'a concerné que les disciplines technologiques et professionnelles, les disciplines d'enseignement général ayant été renouvelées en 1992. On note donc des décalages importants entre les procédures de rénovation des disciplines technologiques et professionnelles d'une part et les procédures de rénovation des programmes d'enseignement général. Ces décalages sont curieux car il semble bien qu'il existe des relations entre les disciplines d'enseignement général et les disciplines d'enseignement professionnel, les premières contribuant à forger le cadre des connaissances théoriques nécessaires à la pratique professionnelle. Nous reviendrons sur ce sujet ultérieurement.

Contrairement au CAP, qui a connu une très forte diminution des effectifs entre 1970 et 1992-1993 (de 475 000 à 63 000 élèves), le BEP a connu une augmentation continue, de 170 000 en 1970 à 487 000 en 1990. Depuis, les effectifs sont stabilisés, voire en légère diminution. Mais la principale caractéristique de ce diplôme ne se situe pas dans l'augmentation de ses effectifs, elle se situe en aval de la formation, c'est-à-dire dans les taux de poursuite d'études après obtention du diplôme.

De 1969 à 1985, seule la première d'adaptation permettait aux élèves de deuxième année de BEP d'accéder au baccalauréat. De façon marginale, un certain nombre d'élèves intégraient le lycée dans des classes de première ordinaire. Depuis 1985, le baccalauréat professionnel installé dans les LP constitue une seconde voie d'accès au niveau IV. Le tableau (p. 67) fixe quelques points de repères sur l'évolution des poursuites d'études à l'issue du BEP.

Entre 1974 et 1991, donc en 17 ans, le nombre d'élèves de deuxième année de BEP est multiplié par deux, tandis que le nombre d'élèves admis à poursuivre des études dans les classes de premières ordinaires, d'adaptation ou professionnelle est multiplié par dix. Au niveau des flux de passage totaux en classes de 1re, il y avait 7,2 % des élèves de deuxième année de BEP qui étaient concernés en 1974, il y en a 39,71 % en 1991. La progression est particulièrement forte.

Les données qui suivent montrent clairement que le BEP est devenu une voie d'orientation, et que son installation dans le cycle d'orientation des lycées n'est pas à l'origine d'un mouvement, mais plutôt le résultat d'une démarche entreprise déjà depuis une quinzaine d'années.

LES DIPLÔMES 67

L'évolution des orientations à l'issue de la deuxième année de BEP (France)

	1974	1981	1986	1987	1988	1989	1991
Élèves BEP	77 917	112 114	140 917	145 642	151 049	160 129	184 236
première d'adaptation	6,6 % 5 142	8,4 % 9 370	13,8 % 19 431	14 % 20 375	14,6 % 22 189	14,75 % 23 629	13,54 % 24 938
première générale	0,6 % 463	4,6 % 5 186	3,1 % 4 469	3,2 % 4 652	3,2 % 4 870	3,2 % 5 186	2,44 % 4 495
première pro.			4,5 % 6 340	9,2 % 13 358	13,43 % 20 282	17,6 % 28 204	23,73 % 43 712
Total des admis	7,2 % 5 605	13,0 % 14 556	21,4 % 30 240	26,4 % 38 385	31,2 % 47 341	35,5 % 57 019	39,71 % 7 344

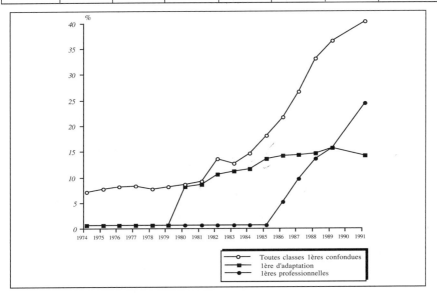

— Toutes classes 1ères confondues
— 1ère d'adaptation
— 1ères professionnelles

Cette fonction de poursuite d'étude donnée au BEP se traduit par des conséquences directes sur la conception de la nature de l'information. Il faut en particulier que les formations dispensées permettent aux élèves de disposer d'outils susceptibles de les aider à intégrer le cycle terminal des lycées, mais aussi d'outils qui leur permettent le cas échéant (pour plus de la moitié d'entre eux encore aujourd'hui) d'intégrer le marché du travail. Cette double caractéristique des BEP pose le problème de l'enseignement général, de la place de celui-ci au sein des formations dispensées. Trois éléments permettent d'analyser la place de l'enseignement général dans les BEP :

– Deux rapports ont été produits sur le sujet, tous deux pendant l'année scolaire 1989-1990 ; le premier émane de madame Blondel et est destiné au Secrétaire d'État à l'enseignement technique. Le second a été réalisé par l'Inspection générale de l'Éducation nationale.

– La rénovation pédagogique des lycées met en place de nouveaux horaires pour les BEP et installe un nouvel équilibre entre les disciplines d'enseignement général et les disciplines d'enseignement technologique et professionnel.

– Enfin, à la rentrée 1993, de nouveaux programmes d'enseignement général sont proposés.

Les deux rapports cités analysent la place de l'enseignement général dans la formation professionnelle, et dans les BEP en particulier. On y remarque le contraste entre le public accueilli et les contenus d'enseignement, c'est en effet par l'échec dans les enseignements généraux que les élèves ont été orientés vers les filières professionnelles. Pour les BEP, 53 % ont redoublé une classe dans le secondaire, et 9 % ont redoublé deux classes ; en deuxième année de BEP ou de CAP en deux ans, 90 % des élèves ont 17 ans ou plus et 50 % ont 18 ans ou plus. Le problème fondamental qui se pose ici est donc celui de l'inadaptation à ces élèves de l'enseignement général tel qu'il leur a été dispensé.

Au-delà de la nature du public accueilli, l'organisation même de l'enseignement pose problème. On note en effet que les disciplines d'enseignement général occupaient avant la rénovation pédagogique des lycées une espèce de tiers-temps dans les spécialités du secteur industriel, et un peu plus dans le tertiaire. Depuis la création des BEP, la part des enseignements généraux est en constante augmentation. Dans le secteur industriel, en 1973, l'horaire réservé à l'enseignement général était de 28 % sur l'ensemble des enseignements, il passe à 31 %

dans les années quatre-vingt et à 37 % avec la RPL ; pour les BEP tertiaires il est depuis 1970 de 38 % et il est passé à 40 % avec la RPL. Il y a donc un progrès réalisé en vingt-cinq ans.

À côté du faible nombre d'heures, on note que l'enseignement est fortement morcelé. En particulier, l'économie familiale et sociale, l'éducation esthétique, les langues vivantes connaissent des emplois du temps de une ou deux heures par semaine. Le français, l'histoire-géographie font partie d'un même ensemble d'enseignement auquel on réserve quatre heures ; quelle est la part faite au français, à l'histoire et à la géographie dans ces quatre heures ? Existe-t-il une spécificité de l'enseignement de l'histoire-géographie dans cet ensemble ? Comment concevoir les enseignements généraux ?

Il semble que le monde professionnel attende des salariés qualifiés qu'ils disposent de plus en plus de connaissances générales. Cette exigence est rendue nécessaire par :

– la capacité de suivre avec profit des formations complémentaires d'adaptation au métier ;

– la capacité de répondre à la maîtrise de langages nouveaux (informatique...) ;

– la capacité de s'intégrer et de participer aux nouveaux modes d'organisation du travail.

D'une manière plus générale la maîtrise du langage, la capacité de s'approprier le savoir sont les conditions de l'épanouissement de l'individu, car elles lui permettent l'exercice du jugement. La société ne peut pas priver les élèves des lycées professionnels de cette capacité d'exercice du jugement, sauf à risquer d'installer une fracture au sein de la société entre ceux qui, disposant de la culture générale, portent un regard éclairé sur leur environnement, et ceux qui, n'en disposant pas, n'ont pas la possibilité de s'adapter au changement et de prendre de la distance par rapport au présent.

Le développement de l'enseignement général dans les BEP constitue également un enjeu pour la poursuite d'études des titulaires de ce diplôme. Il n'est en effet pas possible d'imaginer que des élèves puissent intégrer une classe de première d'adaptation en vue d'obtenir un baccalauréat technologique sans une formation générale de base solide. On sait que plus de 75 % des élèves titulaires du baccalauréat technologique poursuivent des études dans l'enseignement supérieur. La structure du baccalauréat technologique n'a pas pour finalité fondamentale l'insertion professionnelle des élèves. Elle suppose une poursuite d'études au-delà du baccalauréat, et l'admission en première d'adaptation a donc pour conséquence d'introduire l'élève de deuxième année de BEP dans un cursus de quatre années après l'obtention de son diplôme : deux ans pour obtenir le baccalauréat et deux ans pour obtenir le BTS ou le DUT. Dans ces conditions, il n'est pas possible d'imaginer un BEP sans une forte culture générale.

À la rentrée 1993, de nouveaux programmes d'enseignement général sont entrés en vigueur dans la préparation des BEP. Rappelons que les programmes d'enseignement général n'avaient pas été revus depuis 1973. Entre 1973 et 1993, les programmes d'enseignement technologique et professionnel ont été considérablement transformés, tous les BEP disposent dorénavant de référentiels d'activité professionnelle et de référentiels de diplôme. La rénovation pédagogique des BEP entreprise en 1984 n'a pas touché les disciplines générales, ceci est d'autant plus paradoxal que la culture générale était alors présentée comme nécessaire, indispensable à l'adaptation des travailleurs aux évolutions technologiques, et aux transformations de l'organisation du travail. À tous les niveaux des milieux professionnel et éducatif, on s'accordait alors à penser que l'un des critères d'adaptation au changement était la culture générale. Or, les modifications introduites n'ont touché que les disciplines technologiques et professionnelles. Il était donc urgent dans le cadre de la rénovation pédagogique des lycées, de modifier enfin des programmes âgés de plus de vingt ans, vingt années pendant lesquelles s'est produite ce qu'il est convenu d'appeler une nouvelle révolution industrielle.

Les nouveaux programmes concernent le français, l'histoire-géographie, les mathématiques, les sciences-physiques, la vie sociale et professionnelle, l'éducation esthétique.

Une analyse approfondie du contenu de ceux-ci, et l'expérience de leur mise en œuvre dans les classes, permettront de juger de l'ampleur des modifications introduites. Il faudra alors se poser la question de savoir si ces nouveaux programmes équilibrent les objectifs de poursuite d'études et ceux de l'insertion professionnelle immédiate après l'obtention du BEP, autrement dit si les disciplines d'enseignement général disposent d'une réelle identité, ou si au contraire elles ne sont conçues que dans une perspective instrumentale, au service et uniquement au service de la formation professionnelle. Par exemple, l'enseignement du français consiste-t-il d'abord à développer la culture littéraire, la sensibilité, l'expression personnelle des élèves ? Ou bien, cet enseignement a-t-il pour fonction essentielle de développer chez les élèves des capacités de communication dans l'entreprise, de rédaction de rapports à des supérieurs hiérarchiques ? Si l'on veut que le BEP acquière une réelle dimension de cycle de détermination dans le second cycle du second degré, il faut que les disciplines d'enseignement général, bien qu'au service de la formation professionnelle, gardent une réelle identité, afin que les futurs bacheliers professionnels et technologiques issus des BEP ne présentent pas le profil de bacheliers disposant de référents culturels différents de ceux qui sont proposés aux élèves passés par les classes de seconde d'enseignement général et technologique.

À la rentrée 1993, le nombre de spécialités de BEP est de 36 (cinq spécialités ne sont pas comptées, elles sont antérieures à 1980 et ne concernent que 354 candidats). Le nombre d'élèves de première année s'élève à 250 000, les plus anciens BEP ont été mis en place à la rentrée 1985, tous les autres ont été rénovés depuis. Les dix spécialités les plus importantes regroupent 80 % des élèves. Au niveau de l'association CAP-BEP évoquée plus haut, trois situations peuvent être décrites :

– des BEP auxquels sont associés plusieurs CAP. Dans ce cas, chaque CAP correspond à un métier tandis que le BEP correspond à la famille des métiers représentés par les différents CAP. Ce BEP est conçu sur le mode d'un champ professionnel commun à l'ensemble de la famille. Dix-sept BEP appartiennent à cette catégorie et soixante-deux CAP leur sont associés ;

– des BEP auxquels ne sont associés qu'un seul CAP ; huit BEP sont ici concernés ;

– des BEP autonomes en général nettement orientés vers la poursuite d'études. Onze BEP correspondent à cette situation.

Les réflexions sur la nature des formations dispensées en BEP, et les conséquences de celles-ci sur la poursuite d'études ultérieures, nous conduisent à traiter maintenant du baccalauréat professionnel.

5. Le baccalauréat professionnel

La création du baccalauréat professionnel, en 1985, répond à plusieurs attentes, et d'abord celles des établissements et de leurs représentants, qui souhaitent atteindre à la dignité de lycée par l'introduction d'une formation du niveau IV dans leur établissement. Elle répond également à l'attente des milieux professionnels, et notamment des représentants du secteur de la métallurgie, qui jouent un rôle particulièrement dynamique dans l'évolution des classifications ouvrières en créant dès 1975 la catégorie de technicien d'atelier. Ce nouvel échelon ouvrier est très représentatif des mutations technico-organisationnelles que connaît alors le monde de la production. L'évolution des modes de production, le passage de la « société de la matière à la société de l'information » ne vont pas sans une évolution des compétences requises à l'embauche, ni sans une évolution des reconnaissances sociales attachées à l'emploi et aux savoirs mobilisés pour tenir ces emplois. La métallurgie offre un excellent exemple des liaisons qui s'établissent entre usage du travail et reconnaissance sociale du travail. Dans ce secteur, il apparaît que si le développement des nouvelles technologies crée les conditions d'une transformation de l'organisation du travail, il crée aussi les conditions d'une restructuration de l'organisation hiérarchisée des classifications ouvrières. L'accord national du 21 juillet 1975 sur les classifications dans la métallurgie, complété par les avenants du 30 janvier 1980 et du 4 février 1983, permet d'illustrer cette relation entre évolution technologique et pratique sociale de hiérarchisation des qualifications.

Une convention collective de travail ou un accord national sur les qualifications constituent des représentations du travail observé sur le terrain. C'est une mise en forme sociale des emplois et des professions, un classement, une hiérarchisation de ceux-ci, en principe reconnus par tous, et qui permettra aux uns (les employeurs) et aux autres (les salariés) de disposer des mêmes référents pour agir dans la gestion du facteur travail. La négociation qui permet l'élaboration d'un accord national sur les qualifications s'effectue dans le cadre de rapports sociaux potentiellement conflictuels. En effet, au-delà de l'organisation des qualifications et de leur hiérarchisation, il s'agit de gérer les correspondances avec le salaire, de structurer le partage de la plus-value produite par l'entreprise. L'organisation des qualifications et leur classification structurent et hiérarchisent les salaires, les parts attribuables aux uns et aux autres. Elles définissent des normes qui s'imposent dans le champ juridique autant qu'elles déterminent les pratiques d'embauche et définissent des carrières. De l'entrée dans l'entreprise à l'évolution au sein de celle-ci, chacun doit pouvoir trouver le règlement qui lui permet de se situer dans la structure sociale ainsi définie.

Les classifications Parodi et l'accord du 16 juillet 1954 dans la métallurgie identifient la profession à la qualification, le métier aux compétences de la personne en tant qu'elles lui permettent d'occuper un emploi. La référence au métier est fondée sur les compétences maîtrisées par la personne, compétences elles-mêmes rapportées au temps d'apprentissage nécessaire à leur acquisition, et donc aux diplômes possédés. La détention d'un métier est principe de distinction et de classement, le diplôme constitue le fondement de cette distinction car il est la reconnaissance du temps et de l'effort consentis pour l'apprentissage de ce métier. La liaison entre formation reçue et emploi occupé y est systématisée ; la formation reçue et les compétences personnelles possédées par le salarié constituent les données centrales autour desquelles les accords sociaux s'étaient alors effectués.

Avec l'accord national de 1975 et ses avenants, on voit les données centrales autour desquelles s'organisent les classifications évoluer sensiblement. Les qualités de la personne, élément premier des classifications Parodi, passent au second plan, ce sont les caractéristiques de l'emploi occupé qui sont placées au premier plan. On assiste à la fin de la reconnaissance du métier, à l'abandon de l'association étroite entre compétences et statut social, les qualifications sont redéfinies en fonction d'une construction abstraite de niveaux hiérarchisés de qualification. La qualification de l'emploi précède la qualification de l'individu, c'est l'emploi occupé et la compétence jugée nécessaire à son exercice qui déterminent le classement et la hiérarchisation des qualifications. Les classifications Parodi, décrites comme des classifications catalogues opérant un classement hiérarchisé de métiers connus et associant compétence technique et statut social, sont abandonnées au bénéfice d'une approche visant à référer la qualification à la capacité à tenir un emploi. L'accord de 1975 crée deux nouveautés, l'abandon du niveau de manœuvre et l'adoption du niveau « technicien d'atelier ». Le tableau ci-dessous résume les transformations gérées.

	1954	1975	
Manœuvre	M1 M2		
Ouvrier spécialisé	OS1 OS2	O1 140 O2 145 O3 155	Niveau 1 Ouvrier non qualifié
Ouvrier professionnel	P1 P 2 P3	P1 170 P2 190 P3 315 TA1 240	Niveau 2 Ouvrier qualifié Niveau 3 Ouvrier très qualifié

L'abandon du manœuvre et la création d'un échelon intermédiaire entre l'OP3 et la maîtrise, le technicien d'atelier, illustrent la manière dont les partenaires sociaux affirment la nécessité d'une progression de la qualification ouvrière. D'un côté disparaissent les emplois « sans qualification », qui reposaient sur l'utilisation de la force de travail physique, de l'autre apparaît un « sur-qualifié », un emploi qui se situe au-dessus de l'échelon traditionnellement le plus élevé de la hiérarchie ouvrière. La capacité à tenir un emploi est « tirée vers le haut », elle est significative de l'évolution technologique et de l'évolution de l'organisation du travail. Le technicien d'atelier (TA) est un ouvrier hautement qualifié, il y a là un nouvel échelon particulièrement représentatif des mutations qui s'opèrent dans les entreprises. Il synthétise les liaisons nouvelles qui s'établissent entre la production et les méthodes, entre la production et la conception. Ses tâches ne sont pas définies de façon stable, car elles incluent des exigences de polyvalence et de polycompétence : indépendamment de sa fonction habituelle, il doit être capable d'exécuter « d'autres opérations relevant de spécialités connexes qu'il faut combiner en fonction de l'objectif à atteindre »[11]. Les deux termes, « connexe » et « combiner », synthétisent à eux seuls toute une représentation nouvelle quant au champ et à la nature des activités que doit pouvoir déployer le TA. En outre, le TA effectue « des opérations inhabituelles dans les techniques les plus avancées de la spécialité » : la technicité moderne et la culture du TA sont ici affirmées. Très généralement, on peut dire que cet accord crée un OHQ au sommet de la hiérarchie ouvrière, qu'il jette les bases d'un renouvellement possible de la maîtrise par ces OHQ, et qu'il entérine la décentralisation dans l'atelier d'une partie des activités et attributions exercées par les services. On assiste là à une redistribution des compétences au profit d'une fraction minoritaire des ouvriers qualifiés.

Le tableau ci-après comprend les nouveaux échelons et niveaux de classification. Le TA est classé en trois échelons (TA1, TA2, TA3) dont le premier (TA1) est supérieur sur le plan indiciaire au P3 (ouvrier professionnel le plus qualifié dans les classifications Parodi) et dont le dernier (TA3) amène le TA au milieu de la carrière des agents de maîtrise. Pour comprendre la structure pédagogique donnée aux baccalauréats professionnels, il est indispensable de procé-

Niveaux de classification	Échelons	Coefficients	Ouvriers	Agents de maîtrise	Administratifs et techniciens	Niveaux Éducation nationale
I	1er échelon	140	01		1er échelon	
	2e échelon	145	02		2e échelon	1 mois
	3e échelon	155	03		3e échelon	d'apprentissage
II	1er échelon	170	P1		1er échelon	
	2e échelon	180			2e échelon	V et V bis
	3e échelon	190	P2		3e échelon	
III	1er échelon	215	P3	AM1	1er échelon	
	2e échelon	225			2e échelon	V et IV bis
	3e échelon	240	TA1	AM2	3e échelon	
IV	1er échelon	255	TA2	AM3	1er échelon	
	2e échelon	270	TA3		2e échelon	IV
	3e échelon	285	TA4	AM4	3e échelon	
V	1er échelon	305		AM5	1er échelon	
	2e échelon	335		AM6	2e échelon	III
	3e échelon	365		AM7	3e échelon	

Tableau extrait de Marise Carrière-Ramanoelina et Philippe Zarifian, 1985, p.14.

der à un rappel des caractéristiques essentielles de ces mutations technico-organisationnelles (nous nous limiterons au secteur industriel).

On considère généralement que les mutations productives s'accompagnent d'une transformation du travail ouvrier dans trois directions, une modification du savoir-faire manuel, une évolution du savoir-faire normatif, un élargissement des capacités individuelles au collectif[12].

Les nouvelles technologies imposent le passage d'un savoir-faire manuel à la culture de métier. L'utilisation des machines-outils à commande numérique (MOCN), des centres d'usinage, des robots, fait que souvent le travail de l'ouvrier se développe « en l'absence de toute perception directe du fonctionnement de la machine et des objets sur lesquels il agit. Le contact direct avec l'outil et le matériau, la régulation automatique de l'acte par la perception sont remplacés par une relation médiatisée par des commandes et des signaux. La régulation de l'action devient nécessairement mentale »[13]. On observe donc une réduction du rôle physique et du rapport matériel à la machine. Le savoir industriel consiste moins à maîtriser les gestes pour tourner une pièce parfaite qu'à savoir ce qu'il faut « entrer » dans le système informatique de commande pour produire telle ou telle pièce. La capacité à traiter des données abstraites, la capacité à prendre de la distance par rapport au réel, deviennent fondamentales dans l'acte de produire.

Le savoir-faire normatif, parcellisé et ne supposant aucune initiative ou autonomie de la part de l'ouvrier spécialisé taylorien, laisse la place à un savoir-faire fondé sur la compréhension globale des processus de production. L'intégration technique, c'est-à-dire la mise en système des entreprises, s'accompagne de la nécessité faite aux individus de situer leur action dans la pluralité des actions du système. Alors que dans l'organisation taylorienne l'entreprise était découpée en fonctions séparées les unes des autres (études, méthodes, fabrications), et que l'activité était elle-même parcellisée en succession de gestes, il apparaît que l'intégration des fonctions domine dans la nouvelle organisation du travail : « la rationalité du système prévaut dorénavant sur celle des parties »[14]. De ce fait, on attend du nouveau salarié, au-delà de ses compétences techniques, qu'il sache situer son action dans l'ensemble du service auquel il appartient, et l'action du service dans l'ensemble du « système entreprise ». L'acte de produire est dorénavant inséparable de la capacité à se situer dans un ensemble.

Cette nécessité s'accompagne d'un élargissement des capacités individuelles au collectif ou aux compétences collectives. Le passage des lignes de fabrication à l'atelier flexible ou à l'îlot de fabrication amène chaque membre d'une équipe de travail à participer à la prise en charge collective de la gestion de la production. Mais le collectif de travail ne peut fonctionner en tant que tel si chaque membre de ce collectif ne dispose pas des informations qui lui permettent de situer son action au regard des exigences qu'implique l'action des autres. C'est la raison pour laquelle la communication et la compréhension des systèmes informationnels deviennent des dimensions fondamentales de l'activité ouvrière.

Le profil du nouvel ouvrier qualifié[15] suppose donc des compétences reposant sur trois aspects :
– la maîtrise de l'utilisation de systèmes automatisés qui éloignent l'acte immédiat de production du réel ;
– la compréhension de la gestion du système de production ;
– la responsabilité vis-à-vis du collectif de travail.

Ces trois aspects et l'évolution par rapport à ce qui était attendu de l'ancien ouvrier peuvent être synthétisés dans la formule employée par Samil-Ait-El-Hadj[16] : « la société industrielle privilégiait la physique et les savoirs directs d'organisation, elle prête plus d'attention aujourd'hui à une connaissance des systèmes, à la compréhension du fonctionnement humain individuel et de groupe, à la communication ».

Mais situer le profil du nouvel ouvrier qualifié sur ces données générales n'est pas suffisant, il faut identifier maintenant les capacités professionnelles impliquées par ces nouvelles exigences. La professionnalité du nouvel ouvrier prendra alors quelque consistance. Les capacités professionnelles requises par cette nouvelle organisation du travail semblent s'articuler autour de deux grands champs, le champ cognitif et le champ social.

Le champ cognitif se caractérise par l'élargissement et l'enrichissement de la sphère d'intervention de l'opérateur, qui s'accompagne d'une transformation de la nature des savoirs exigés par l'emploi et par une nouvelle articulation cognitive de l'activité. Les analyses réalisées par le CEREQ[14] débouchent sur l'expression d'un savoir-faire ouvrier reposant sur une « conceptualisation exécutoire » et sur la définition de « l'expertise de fabrication ». L'ouvrier devrait donc disposer dorénavant de l'outillage cognitif susceptible de lui permettre de dépasser l'empirisme pour développer une réelle capacité d'analyse technique.

La culture technique est présentée comme le fondement du nouveau professionnalisme ouvrier. La culture technique facilite l'intégration dans un champ technologique moderne et permet « l'élargissement de la compétence au-delà du poste de travail [...] une polyvalence de procédé [...] l'adaptation au changement technique [...] la compétence en diagnostic [...] la capacité à la mise en forme et à la transmission des informations sur les aléas de l'installation »[14].

Le champ social est composé de la nécessité faite à l'opérateur de dépasser un certain nombre de clivages : dépasser le clivage entre gestion et production, dépasser le clivage entre individu et groupe, afin de lui permettre de repositionner l'atelier ou l'établissement dans un ensemble plus vaste (la branche industrielle, le groupe, la région, la compétition internationale), nécessité de participer à la prise en charge de l'activité par un groupe. « La communication devient un élément essentiel de l'efficacité... » car les opérateurs sont « conduits à maîtriser des opérations formalisées qui donnent à leur travail un contenu porteur de signes et de messages »[19]. Tous les baccalauréats professionnels ont été conçus sur la base des référentiels, et sur le plan pédagogique ils introduisent quatre grandes nouveautés dans le paysage des formations :
– une nouvelle structuration des champs disciplinaires ;
– la mise en place de seize semaines de stage en entreprise ;
– la présentation des horaires d'enseignement sur une globalisation annuelle ;
– l'introduction du contrôle en cours de formation dans trois disciplines d'enseignement.

La présentation des matières d'enseignement diffère sensiblement de sa forme traditionnelle. Alors que dans les programmes et instructions des BEP anciens ou des baccalauréats traditionnels les matières se succèdent, dans les instructions traitant des bac pro. les matières sont regroupées en quatre domaines :
1. Formation professionnelle, technologique, scientifique :
– sciences et techniques industrielles,
– mathématiques et sciences physiques,
– économie gestion.
2. Expression et ouverture sur le monde :
– français,
– connaissance du monde contemporain,
– langue vivante.

3. Éducation arts appliqués.
4. Éducation physique et sportive.
Ce regroupement donne une finalité professionnelle aux mathématiques et à la physique. Il y a dans cette présentation un décloisonnement des matières, qui tout en leur donnant davantage de cohérence, leur enlève cependant une part de leur spécificité.
Cette présentation, cette structuration des enseignements établit le lien souhaité entre les disciplines d'enseignement général et les disciplines d'enseignement professionnel. L'enseignement des mathématiques, des sciences physiques, prend un sens relativement aux questions technologiques, aux problèmes technologiques que rencontre l'élève dans le cadre de la formation professionnelle. L'enseignement du français prend également un sens dans le cadre général du développement de la communication au sein de l'entreprise. Ces relations établies entre enseignement général et enseignement professionnel, pour positives qu'elles puissent être, risquent cependant de mettre l'enseignement général au service de l'enseignement professionnel, de transformer l'enseignement général en condition de l'enseignement professionnel, au détriment de la fonction de culture générale qu'il doit véhiculer. Trop insister sur la fonction instrumentale de l'enseignement général risque à terme de faire des bacheliers professionnels des citoyens qui ne verraient dans la culture que la condition d'un savoir-faire. Les relations entre savoir (formation générale) et savoir-faire (formation professionnelle) doivent être installées, mais elles ne doivent pas contribuer à dénaturer la fonction d'ouverture sur le monde, de distanciation par rapport à l'événement que suppose une réelle culture générale.
La dimension relationnelle et la communication prennent de plus en plus d'importance dans les entreprises qui mettent en œuvre une nouvelle organisation du travail. Les analyses réalisées par les sociologues du travail ou les spécialistes de la formation continue montrent que la principale difficulté pour faire évoluer les salariés issus de l'organisation taylorienne vers une organisation décloisonnée réside précisément dans l'incapacité qu'éprouvent certains à construire un nouveau mode de rapport au travail et à l'entreprise fondé sur la socialisation professionnelle. Les problèmes que la formation doit résoudre ne sont donc pas « des problèmes de savoirs (ni même de savoir-faire ou de savoir-être) ou de capacités individuelles, mais des problèmes de socialisation professionnelle... d'intégration aux collectifs de travail »[12].

Cette socialisation présente trois aspects essentiels dans le domaine de la mécanique qui nous intéresse :
- le processus de l'intégration de l'individu au collectif,
- les modes d'acquisition de l'identité sociale,
- l'identification culturelle à un collectif, à ses normes, à ses valeurs, à ses codes sociaux.

Les référentiels des BEP rénovés et des bac pro. insistent sur cette dimension sociale de l'activité en intégrant une formation à la communication et à la connaissance des systèmes de production. En outre, il faut rappeler que la scolarité des BEP comprend deux semaines de séquences éducatives en entreprise et celle des bac pro. de douze à vingt-quatre semaines de stages. Ces dispositions suffisent-elles à préparer les jeunes à s'insérer dans un collectif de travail ?

Un référentiel de formation apparaît comme décrivant un espace professionnel théorique. Le référentiel est le résultat d'observations réalisées dans des entreprises diverses, et nécessairement seules certaines caractéristiques constantes de situations très disparates sont retenues. Le référentiel est une abstraction de situations professionnelles variées, il fige la vie de l'entreprise et ne peut pas traduire ses aléas, le monde du travail devient symbolique, « le réel est surtout relaté, évoqué, explicité, expliqué »[17]. Comment, dans ces conditions, préparer l'élève à cette nouvelle socialité professionnelle ? Le stage en entreprise est présenté comme solution pédagogique susceptible de résoudre le problème.

« Le système socio-technique dans lequel s'effectuent les tâches productives [...] le caractère collectif du travail, l'organisation du travail, les rapports sociaux de production »[17] sont-ils au centre des exploitations pédagogiques du stage en entreprise ? Les instructions officielles[18] traitant du stage en entreprise précisent les résultats attendus et les activités auxquelles devra se livrer le stagiaire pendant le stage.

Les résultats attendus du stage peuvent être résumés en deux grands ensembles, l'un fait référence aux aspects techniques du métier, l'autre explicite la dimension socio-technique de l'entreprise. Il est notamment reconnu que « la réalité de la gestion de la production ne peut apparaître dans toutes ses dimensions que sur le site des entreprises » et que pendant le stage « l'ensemble des compétences liées aux situations relationnelles et au travail en équipe sera développé ».

Horaires et organisation des enseignements

Période de formation en lycée	Horaires annuels		Horaires hebdomadaires
	1ᵉ année (27 semaines)	2ᵉ année (25 semaines)	
Domaine A1 formation prof., techno-scientifique (sciences et techniques industr., maths, économie et gestion).	351 (108 +243)[1] 108 (54+54)[2] 27	325 (100 + 225) 100 (50 + 50) 25	13 (4 + 9) 4 (2 + 2) 1
Domaine A2 Expression et ouverture sur le monde (français, connaissance du monde, langue vivante).	81 (54+27) 54 54	75 (50+25) 50 50	3 (2 + 1) 2 2
Domaine A3 éducation artistique (arts appliqués).	54	50	2
Domaine A4 éducation physique et sportive.	81	75	3
Total	**810**	**750**	**30**
Période de formation en milieu professionnel	16 semaines sur deux années		
Hygiène- Prévention- Secourisme	Les élèves peuvent en outre suivre un enseignement facultatif d'hygiène, prévention et secourisme à raison d'une heure hebdomadaire en moyenne sur les deux années.		
Activités professionnelles	3 à 6 heures hebdomadaires		

Source : Production mécanique, *collection : horaires, objectifs, programmes, instructions;* MEN.

1. Le deuxième chiffre figurant entre parenthèses correspond à des activités en groupe d'atelier.
2. Le deuxième chiffre figurant entre parenthèses correspond à un enseignement par groupe à effectifs réduits.

NB. L'emploi du temps est organisé de manière à permettre aux élèves des activités personnelles au cours desquelles ils ont accès à toutes les ressources documentaires et matérielles disponibles de l'établissement.

Depuis 1985, les stages en entreprise se sont considérablement développés, il est prévu d'étendre ce qu'il est dorénavant convenu d'appeler les périodes de formation en milieu professionnel (PFMP) au CAP et au BEP. D'ores et déjà, les formations professionnelles préparant aux métiers de l'hôtellerie et du bâtiment sont concernées par l'extension des PFMP au CAP et au BEP. Cette généralisation progressive de l'introduction des PFMP dans les formations professionnelles n'est pas sans poser de problèmes, la concurrence entre les différentes formations semble de plus en plus vive pour trouver des terrains de stage, les tuteurs de stage ne bénéficient pas toujours de la formation pédagogique nécessaire, et le passage successif dans une même entreprise d'élèves de CAP, de BEP et de bac pro., peut amener des confusions dans les représentations que se forgent les professionnels quant aux capacités et compétences attendues des uns et autres. Autrement dit, quelle différence réelle construit le tuteur de stage entre le référentiel du diplôme de BEP et du diplôme du bac pro. ? Si la représentation des différences n'est pas claire, alors ce sont les objectifs de la PFMP qui ne le sont pas non plus, et le principe même de l'alternance et de la valeur formatrice de l'entreprise qui peuvent être remis en cause.

À la rentrée 1993, il existait 35 spécialités de baccalauréats professionnels, l'évolution du nombre de candidats étant la suivante :

– 1987 :   1 137
– 1988 :   1 875
– 1989 :   18 556
– 1990 :   31 525
– 1991 :   44 665
– 1992 :   58 787
– 1993 :   76 000

Ce chapitre consacré aux procédures de définition des formations et des diplômes montre l'importance stratégique de la notion de qualification dans l'évolution de l'enseignement professionnel. La qualification est au cœur des transformations observées, c'est en fonction de ses caractéristiques évolutives que les formations et les diplômes sont appréhendés, c'est en fonction de la qualification requise que sont déterminées les caractéristiques des qualifications à acquérir dans le cadre de l'enseignement professionnel.

L'exposé de la nature de chacune des formations conduisant au CAP, au BEP et au bac pro. permet de dresser le tableau du champ et du niveau de qualification auquel chacun d'eux prépare. Dans un champ de qualification donné, le CAP suppose une maîtrise technico-organisationnelle limitée à un secteur. Le BEP embrasse plusieurs secteurs dans le même champ et au même niveau que le CAP, il est davantage une extension de la qualification acquise au niveau du CAP qu'un approfondissement de celle-ci. Il se différencie cependant du CAP, en ce qu'il comprend un niveau de culture générale plus élevé du fait de l'origine scolaire des élèves (fin de troisième des collèges au lieu de la fin de cinquième) et des programmes d'enseignement des disciplines générales rénovés à compter de la rentrée 1993. Le baccalauréat professionnel enfin se distingue du BEP en ce qu'il représente davantage un approfondissement des connaissances technico-organisationnelles dans un même champ professionnel qu'une extension de celles-ci comme le BEP. Le baccalauréat professionnel suppose une maîtrise plus approfondie du secteur, et il représente un changement de niveau dans le continuum des qualifications, alors que le BEP reste au même niveau que le CAP.

Le CAP et le BEP, bien que ne recouvrant pas à l'identique les mêmes secteurs d'un champ professionnel, ne constituent pas des échelons différents dans le continuum des classifications, la supériorité du BEP vient du nombre de secteurs auxquels il prépare. Le baccalauréat professionnel, par contre, est conçu sur le mode d'une différence de niveau, d'une hiérarchisation due à une maîtrise plus grande et plus approfondie des connaissances théoriques fondant les capacités et compétences du futur salarié.

Notes

1. CPC document, n° 92-1, *Les diplômes technologiques professionnels*, modalités d'élaboration et d'actualisation.
2. CPC document, *Guide à l'intention des membres du CPC*.
3. CPC document, *Documents méthodologiques*, dossier d'opportunité, n° 92-1, mars 1990.
4. CNDP, Brochure 001 F 6398, *Baccalauréat professionnel productique*.
5. Haut comité éducation économie, *Les ouvriers qualifiés, les agents de maîtrise et les techniciens de l'industrie de l'an 2000*, Paris, 1987.
6. Voir l'article plus complet de LEGRAND A., SOLAUX G., « Du CAP et de ses usages - 1959-1992 », *Revue française de pédagogie*, n° 100, 1993 (l'essentiel de ce qui suit est donné dans cet article).
7. TANGUY L., *Quelle formation pour les ouvriers et les employés de France ?*, La Documentation française, Paris, 1991.
8. Circulaire du 7 février 1967, Préparation de la rentrée 1967, *BOEN*, n° 7, p. 448.
9. CPC Info, n° 17, 1993.
10. CARRIERE, RAMONOELNIA et ZARIFIAN, « De la référence au métier à l'analyse de l'emploi, vers un ouvrier technicien ? », *Formation Emploi*, n° 9, 1985.
11. Voir l'accord national de la métallurgie de 1975.
12. DUBARD C., *Éducation permanente*, n° 81, Paris, 1985, p. 39.
13. MALGLAIVE, « Les rapports entre savoir et pratique dans le développement des capacités d'apprentissage chez les adultes », *Éducation permanente*, n° 92, Paris, 1985, p. 55.
14. CEREQ, « Ouvriers qualifiés, maîtrise et techniciens de production dans les entreprises en cours d'automatisation », *Collection des études*, n° 43, Paris, 1988.
15. BERLOT, « Vers une évolution du statut ouvrier ? », *Le travail humain*, volume 53, n° 1, Paris, 1990.
16. SMAIL-AI-EL-HADJ. « De la société de la matière à la société de l'information », *Cahiers français*, n° 223, Paris, 1985.
17. MALGLAIVE et WEBER, « École et entreprise », *Cahiers français*, n° 223, 1983, p. 55.
18. Brochures CNDP : 001 F. 6398 et guides pratiques.
19. MARGER P., « Nécessité d'une culture industrielle », *Cahiers français*, n° 223, 1985, p. 17.

Chapitre III

Problèmes et perspectives de l'enseignement professionnel

1. Le cycle technologique

Le cycle technologique créé en 1985 pose deux catégories de problèmes ; d'une part il semble fonctionner comme une filière parallèle au cycle d'orientation des collèges, d'autre part bon nombre des élèves qui y sont admis grossissent les effectifs de ceux qui quittent le système éducatif.

Flux de passage à l'issue de la troisième technologique

	1987	1988	1989	1991
Redoubl. 3ᵉ techno.	4,1	3,51	2,93	2,44
Redoubl. 3ᵉ techno.	0,82	0,17	0,09	0,06
Passage CAP 3	2,19	0,75	0,14	0,04
BEP-CAP 2	59,47	65,05	67,05	68,04
Seconde lycée	3,19	1,7	1,69	1,34
Sortie	27,95	28,53	28,08	28,08
3ᵉ prépa	2,28	-	-	-
Effectifs nationaux	11 175	29 457	47 789	60 570

Source : MEN/DEP

Flux de passage à l'issue de la troisième des collèges

	1987	1988	1989	1991
Redoubl. 3ᵉ	13,66 %	12,43 %	10,22 %	8,78 %
CAP 3	0,16 %	0,17 %	0,16 %	0,17 %
BEP-CAP 2	20,36 %	20,54 %	20,8 %	21,13 %
2ⁿᵈᵉ lycée	55,75 %	55,73 %	59,90 %	61,67 %
Sortie	9,95 %	9,05 %	8,79 %	8,15 %
Effectifs nationaux	546 379	557 771	550 781	506 926

Trois séries de remarques peuvent être faites à la lecture de ces tableaux :

1. Si l'on effectue le total des flux destinés aux redoublements, à la réorientation vers le CAP trois ans et aux sorties, il apparaît qu'en juin 1991, 30,52 % des élèves de troisième technologique sont en situation d'échec, contre 17,10 % des élèves de troisième des collèges. La distribution de l'échec est différente entre les deux établissements, l'un exclut les élèves (le LP), l'autre les fait redoubler (le collège). L'échec est plus relatif et moins définitif en collège.

2. Les poursuites d'études vers le BEP concernent plus de deux élèves sur trois en juin 1991 à l'issue de la troisième technologique, deux sur dix en collège. Inversement, 61,67 % des élèves de collège sont admis en seconde contre seulement 1,34 % des troisièmes technologiques. Le cycle technologique apparaît comme destiné à préparer davantage à l'entrée au LP. Ne retrouve-t-on pas ici deux filières installées dès la classe de 5ᵉ ? L'une centrée sur l'enseignement professionnel prépare à l'admission en BEP (niveau V), avec possibilité ultérieure de préparer un bac pro. ou un bac techno. (niveau IV), l'autre, destinée à amener directement les élèves en cycle long des lycées (niveau IV), est organisée autour de l'enseignement général.

L'histoire de la sélection des élèves à l'issue de la classe de 5e ne se répète-t-elle pas ? Une circulaire de 1972 (voir note 1, chapitre I) créait en effet dans le cadre des mesures destinées à parfaire la mise en place de la prolongation de la scolarité obligatoire, les classes de 4e de « type II aménagé », aux côtés de classes de « type II ordinaire ». Cette mesure était destinée à permettre l'accueil d'élèves « qui s'avèrent capables de poursuivre des études susceptibles de se prolonger dans un second cycle au moins jusqu'à l'obtention du BEP, à condition de bénéficier d'un soutien efficace pendant deux années ». Ces élèves n'étudiaient qu'une seule langue vivante et recevaient un enseignement renforcé en français et en mathématiques. Il n'y a évidemment aucune commune mesure entre la situation des CES de 1972 organisés en filières et les collèges de 1989. Cependant, il semble que nous assistons à un transfert des filières du collège vers le LP. Ce ne sont plus les collèges qui sont organisés en filières à côté des LP, ce sont les deux établissements qui, côte à côte, constituent deux filières. Les filières ont disparu du collège pour être partiellement recréées dans les deux établissements, collège et LP, le premier destinant ses populations à l'enseignement général, le second devant permettre « de poursuivre des études susceptibles de se prolonger dans un second cycle au moins jusqu'à l'obtention du BEP » (voir note 2, chapitre I). Le transfert des cycles technologiques en collège contribue-t-il à réduire le fossé qui sépare le cycle général du cycle technologique ? La comparaison des flux d'orientation à l'issue des cycles technologiques implantés en collèges et LP montre que si quelques progrès existent en collège, ils ne sont pas suffisants pour combler le retard par rapport à l'enseignement général (voir sur le sujet *Éducation et Formations*, n° 35, 1993, p. 38).

L'observation de la distribution des orientations en fin de troisième complète la distribution des âges et des CSP effectuée dans les pages précédentes : il y a en classe de 4e générale et en classe de 4e technologique des populations dont les caractéristiques sont spécifiques, et qui connaîtront des avenirs scolaires distincts. Peut-on dans ces conditions continuer d'affirmer que le palier d'orientation en cinquième n'existe plus ?

3. Les flux d'orientation à l'issue de la troisième technologique ont jusqu'à présent fait l'objet d'analyses négatives, quelques points positifs méritent néanmoins d'être relevés sur les trois ans observés :

– le taux de sortie très élevé reste cependant stable ;
– le passage en CAP trois ans, qu'il soit effectué par le passage en troisième année de CAP ou le redoublement est en diminution sensible ;
– le taux de passage en BEP a augmenté de huit points en trois ans.

Face à ces facteurs d'évolution encourageants, il faut toutefois rappeler que le taux de passage en lycée a diminué jusqu'à 1,34 % en 1991.

Le cycle technologique semble fonctionner comme une filière parallèle au cycle d'orientation des collèges, soit les élèves poursuivent leurs études dans une seule voie d'orientation, le BEP, soit ils sortent du système éducatif.

2. Le niveau des élèves

La modification des structures pédagogiques et des procédures d'orientation a transformé le profil des populations scolaires accueillies dans les lycées professionnels. Les données qui précèdent, concernant le cycle technologique, montrent par exemple que les premières années de BEP connaissent désormais un afflux d'élèves issus de la voie technologique, alors qu'auparavant les élèves de première année de BEP venaient exclusivement de troisième des collèges et de seconde. Le tableau suivant indique, depuis 1973 jusqu'à 1992, la modification des origines des élèves de première année de BEP.

Origine scolaire des élèves de BEP
(en pourcentage)

Origine des élèves de 1re année de BEP	1973	1980	1987	1992
1re année de BEP	2,5	5,7	5,8	6,4
3e de collège	87,5	85,0	70,5	61,0
3e technologique			4,2	23,3
3e année de CAP			13,5	5,6
2nde de lycée	10	9,3	6,0	3,7
Total	100	100	100	100

On peut noter qu'en 1973, 97,5 % des élèves de première année de BEP étaient originaires de classes d'enseignement général (87,5 % des collèges, 10 % des secondes de lycées). Depuis 1973, la part des élèves originaires de l'enseignement général diminue au bénéfice de celle des élèves originaires de l'enseignement professionnel. C'est ainsi qu'en 1992, il n'y a plus que 64,7 % des élèves qui sont originaires d'une classe de 3e de collège ou de seconde de lycée, soit un peu moins des deux tiers. Par contre, le tiers restant est issu soit du redoublement de la première année de BEP, soit d'une troisième année de CAP, soit d'une classe de 3e technologique.

Cette observation, croisée avec l'évolution des taux d'orientation à l'issue de la classe de 3e, fait dire à certains que le niveau des élèves admis en première année de BEP est de plus en plus hétérogène. En effet, si d'une part on admet que l'orientation de fin de troisième est organisée selon un continuum (ce que semble montrer l'expérience) qui verrait les plus jeunes et meilleurs élèves admis en seconde et les moins jeunes et moins bons élèves admis en BEP ; et que d'autre part on observe qu'à l'issue de la classe de 3e, depuis 1973, le taux de passage en seconde des lycées est passé de 47,9 % à 61,6 %, pendant que le taux de passage des classes de troisième à la première année de BEP reste relativement stable à 20 %, on pourrait conclure qu'en 1973 les 20 % d'élèves de troisième admis en BEP se trouvaient dans le niveau moyen des élèves de troisième (situés plutôt entre le 47e et dernier élève admis en seconde, et le 67e et dernier élève admis en BEP sur 100). Par contre en 1992, la population d'élèves admise en BEP est reléguée dans le dernier tiers de la population des élèves de troisième (plutôt situé entre le 61e et dernier élève admis en seconde, et le 82e et dernier élève admis en BEP sur 100). Non seulement la part des élèves de troisième en première année de BEP est plus faible qu'auparavant, mais elle semble d'un niveau scolaire moyen plus hétérogène et moins élevé qu'auparavant du fait de la croissance des taux de passage en seconde de lycée.

Cette crainte exprimée au niveau des BEP est également exprimée au niveau des baccalauréats professionnels. On note la très forte augmentation du taux de passage de seconde année de BEP en première année de baccalauréat professionnel, actuellement proche de 24 %. Ce taux de passage, additionné au taux d'admission en première d'adaptation, montre que plus de 40 % des élèves sont actuellement admis à poursuivre des études au-delà du BEP. Plus les taux de poursuite d'études en bac pro. augmentent, plus on puise dans un vivier d'élèves qui auraient été jugés inaptes à poursuivre des études les années précédentes. De ce fait, le niveau moyen des élèves admis en première professionnelle risque encore de gagner en hétérogénéité voire de diminuer. Il n'y a peut-être pas dans ces observations matière à s'alarmer outre mesure, mais il y a matière à réflexion pédagogique, en vue de développer des méthodes de pédagogie différenciée destinées à adapter l'enseignement professionnel à un public de plus en plus hétérogène dans ses origines scolaires et dans ses acquis.

3. L'évolution de l'âge des élèves

La modification des procédures d'orientation et des structures pédagogiques a entraîné une profonde mutation de la répartition par âge des élèves du lycée professionnel. Le tableau ci-dessous présente la répartition par âge de la population des CET en 1975-1976 et celle des lycées professionnels en 1992-1993.

Répartition des âges

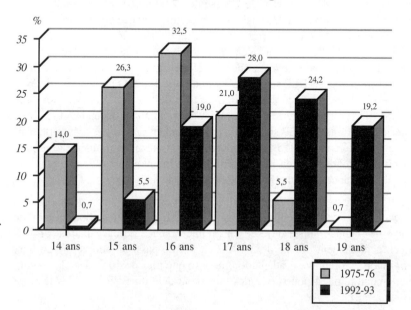

On observe une inversion de l'histogramme des âges entre 1975 et 1992. Alors qu'en 1975, 40 % des élèves avaient 15 ans ou moins, en 1992, 43 % des élèves ont 18 ans ou plus. C'est l'allongement des études et l'introduction du baccalauréat professionnel qui sont à l'origine de cette donnée. En 1975, l'élève de CET était en moyenne âgé de 15 ans 9 mois, en 1992 il est âgé en moyenne de 17 ans et 6 mois. Près de la moitié des élèves atteint donc sa majorité pendant la scolarité au lycée professionnel. Ce phénomène, conjugué aux conséquences prévisibles des périodes de formation en milieu professionnel, fait penser qu'une profonde évolution de la gestion de la vie scolaire en lycée professionnel est nécessaire. Les seize semaines de stage en entreprise ne peuvent pas ne pas provoquer une progression de la maturité sociale des élèves. Le fait d'être confronté au monde du travail, à ses contraintes mais aussi à ses libertés, à ses conflits, aux organisations syndicales de salariés, ne peut pas ne pas provoquer chez l'élève un élargissement de ces représentations sociales. Après seize semaines de stage en entreprise, et à l'âge de vingt ans, on ne revient pas au lycée professionnel comme un élève de troisième technologique âgé de 15 ans qui n'a connu que le monde scolaire. L'augmentation de l'âge des élèves interfère donc avec une évolution rapide de leur représentation sociale. Le lycée professionnel, dans le cadre de la gestion de sa vie scolaire, doit à la fois présenter les contraintes et garanties d'encadrement pour les élèves jeunes qu'il accueille (cycle technologique) et des espaces de liberté, de responsabilité individuelle et collective pour ses élèves âgés qui bénéficient d'expérience sociale (bachelier professionnel). Il y a là un véritable chantier auquel la différenciation des méthodes doit également être appliquée. Si la diversité des élèves est une richesse, elle constitue également une variable contraignante pour la gestion de la vie scolaire.

4. L'évolution des secteurs professionnels et des structures pédagogiques

Comme nous l'avons vu précédemment, la part des CAP s'est progressivement réduite dans les lycées professionnels au bénéfice des BEP et baccalauréats professionnels. On observe, entre les trois formations, des différences très importantes quant aux spécialités préparées. Le tableau qui suit représente le poids respectif du secteur tertiaire et du secteur secondaire dans chacun des niveaux de formation.

Les formations et les secteurs d'activité 1967-1990

	1967-1968	1970-1971	1976-1977	1987-1988	1990-1991
CAP • Économique, administratif et hôtelier	36,7	34,6	32	37,2	37,4
• Industriel et autres	63,3	65,4	68	62,9	62,6
Total CAP 3 ans	100	100	100	100	100
BEP • Économique, administratif et hôtelier	67,3	64,1	60	61	57,4
• Industriel et autres	32,7	35,9	40	38,9	42,6
Total BEP	100	100	100	100	100
Bac pro. • Tertiaires				61,2	62,7
• Industriels et autres				38,8	37,3
Total bac pro.				100	100

L'analyse des données contenues dans ce tableau fait apparaître que plus le niveau de formation s'élève, plus la part consacrée au secteur tertiaire est importante. En 1967, les parts respectives des secteurs tertiaires et industriels sont pratiquement inversées entre les CAP et les BEP. En 1990, les deux tiers des formations préparant au CAP sont consacrées au secteur industriel, à l'inverse, pratiquement les deux tiers des formations des baccalauréats professionnels sont consacrées au secteur tertiaire. Cette évolution montre l'importance du niveau de culture générale pour les formations tertiaires. Ce déséquilibre entre tertiaire et industriel et entre les sections correspond-il à un effet d'offre ou à un effet de demande ? Est-ce parce que le secteur économique a besoin de compétences tertiaires, et offre des emplois tertiaires, que la structure des baccalauréats professionnels a pris une telle direction ? Ou bien au contraire est-ce la pression de la demande des élèves de BEP, plus fortement motivés à poursuivre des études lorsqu'ils sont en section tertiaire, qui provoque la domination du tertiaire dans les bac pro. ? Aucune donnée ne nous permet de décider si c'est de l'offre ou de la demande que dépend cette évolution.

Ces observations font craindre un dévoiement de la finalité du baccalauréat professionnel, dans la mesure où à terme le niveau IV risque d'être insuffisant pour trouver un emploi dans le tertiaire (les BTS sont ici préférés), ce qui supposera alors une poursuite d'études à l'issue du baccalauréat. Le baccalauréat professionnel, très majoritairement tertiaire, nécessiterait alors la poursuite d'études, ce qui est contraire à sa finalité d'insertion. Un autre niveau de déséquilibre existe dans la répartition garçons-filles entre les différents secteurs. Les filles très majoritaires dans le secteur tertiaire sont par contre très minoritaires dans le secteur secondaire ou industriel.

Part des filles dans les différentes formations
(1991-1992)

CAP	% Filles	BEP	% Filles
Constructeur bâtiment	0,7	Constructeur bâtiment	0,5
Mécanique générale/	1	Mécanique générale/	2,1
Électricité		Électricité	
électrotechnique	1,4	électrotechnique	2,4
Habillement	97,4	Comptabilité	61,9
Secrétariat	80,1	Secrétariat	93,1
Commerce	77,6	Commerce	59,7
Soins personnels	87,6	Santé	95,8
Moyenne	38,6	**Moyenne**	47

Les filles représentent 38,6 % des élèves scolarisés en CAP et 47 % des élèves scolarisés en BEP. Le fait qu'au sein des CAP la filière industrielle soit très nettement majoritaire (62,6 % des effectifs) explique la faible part des filles au sein de cette formation. Au niveau du BEP c'est le secteur économique administratif et hôtelier qui domine. On voit donc la part des filles augmenter et représenter 47 % de l'effectif. Au sein de chacune de ces formations la proportion de filles varie considérablement selon que l'on s'intéresse au secteur industriel ou au secteur tertiaire.

Quand on connaît les problèmes d'insertion des élèves titulaires d'un diplôme de niveau V tertiaire, on imagine les difficultés d'insertion supplémentaires que connaissent les filles. Par ailleurs la faible part de formation tertiaire introduite au niveau du CAP laisse peu de place aux filles qui connaissent des difficultés dans les formations générales et qui ont besoin d'une formation professionnelle dès l'âge de quatorze ans. La répartition des secteurs professionnels dans les CAP, BEP, bac pro., ne semble donc pas un facteur favorisant pour la qualification des filles qui connaissent des difficultés scolaires, ni un facteur favorisant pour leur emploi ultérieur.

Le tableau ci-dessous comporte un certain nombre de données relatives à l'emploi des jeunes, ou plus précisément au taux de chômage des jeunes. Ces données sont issues de l'enquête « insertion » conduite par le CEREQ huit mois après la sortie du système éducatif. Elles concernent les élèves qui ont suivi une année terminale de formation professionnelle en 1990-1991.

Taux de chômage au 1er février 1992*
après une année terminale de formation professionnelle en 1990-1991

	CAP trois ans		BEP		BTn		Bac pro.	
	G	F	G	F	G	F	G	F
Taux de chômage	26,8	41,6	22,8	35,5	23,8	32,7	17,3	29
G + F	35,1		30,8		30,3		25,2	

* Les CES et les apprentis sont comptés comme actifs.

Il apparaît clairement que, quel que soit le niveau d'étude considéré, le taux de chômage des filles est supérieur à celui des garçons. Il apparaît aussi que ce taux tend à se réduire avec l'élévation du niveau de formation. Cependant, près du tiers des filles titulaires du baccalauréat professionnel (majoritairement tertiaire) ou ayant suivi une année terminale professionnelle (également majoritairement tertiaire) sont au chômage, c'est le cas d'un garçon sur six. Ce constat montre que le baccalauréat professionnel, initialement conçu comme un diplôme d'insertion, ne garantit pas l'emploi à ses titulaires. Il s'agit pourtant d'un diplôme moderne, voulu par la profession, et l'école ne semble pas pouvoir être taxée d'inadaptation du contenu des formations aux exigences de l'emploi. Il y a là d'abord un problème d'offre d'emploi, un réservoir d'emplois insuffisant par rapport au nombre de sortants du système éducatif, mais peut-être aussi des effectifs tertiaires aux niveaux V et IV trop importants.

Au-delà de ce taux de chômage, il faut savoir que les problèmes d'emploi permettent aux employeurs potentiels d'effectuer un tri parmi l'ensemble des demandeurs d'emploi. Lorsque sur une même annonce d'emploi tertiaire se présentent une fille titulaire d'un CAP tertiaire, une autre titulaire d'un BEP tertiaire et une autre d'un baccalauréat professionnel tertiaire, voire d'un BTS, il est tentant pour l'employeur de recruter la plus qualifiée des trois aux conditions salariales et de travail qu'il aurait offertes à la moins qualifiée. Autrement dit, en période de chômage élevé, on assiste à un déclassement des diplômes qui est beaucoup moins dû à l'inadaptation de l'école qu'à l'effet de l'offre de travail nettement moins importante que la demande. Dans ce contexte les filles souffrent davantage que les garçons.

Depuis le début des années quatre-vingt, tous les ministres ou secrétaires d'État à l'Enseignement technique ont souhaité combattre l'inégalité de répartition garçons-filles entre les sections tertiaires et industrielles. Des missions nationales et académiques ont été créées à cet effet auprès des recteurs. Des actions de sensibilisation à la nécessité de la diversification de l'orientation des filles ont été menées localement et conjointement avec le ministère des Droits de la femme. Les actions entreprises n'ont pas permis jusqu'à présent de constater une évolution significativement différente de l'orientation des filles dans les sections industrielles. Rien ne permet d'affirmer par ailleurs que les employeurs aient changé d'attitude par rapport à l'emploi de femmes titulaires de diplômes industriels traditionnellement réservés aux hommes. La diversification de l'orientation des filles et donc, à terme, la diversification de leurs emplois relève d'un problème profond de mentalité, qui touche l'ensemble de la société française, et au-delà les sociétés occidentales dans leur reconnaissance de l'égalité homme-femme. L'enseignement technique, l'enseignement professionnel n'échappent pas à cette donnée historico-sociologique. L'enseignement professionnel ne porte pas seul la responsabilité de l'inégalité garçons-filles devant les professions, ni la responsabilité du taux de chômage significativement supérieur des femmes, il ne fait que traduire, en les portant partiellement, les inégalités générées dans le tissu social.

5. Les perspectives ouvertes par la loi quinquennale sur l'emploi

En novembre 1993, le Parlement a adopté une loi quinquennale sur l'emploi, qui modifie les perspectives d'évolution de l'enseignement professionnel. La loi quinquennale définit un nouveau public, de nouvelles procédures de conception des formations professionnelles et de nouveaux champs de développement pour les établissements d'enseignement tels que les lycées professionnels.

Au niveau des publics, l'article 35 institue un droit à une formation professionnelle pour tout jeune avant sa sortie du système éducatif. Ce droit s'exerce à tous les niveaux d'enseignement. Il concerne les jeunes scolarisés dans une série conduisant à un diplôme professionnel (CAP, BEP, bac pro.), ou dans une série générale et technologique (collège, cycle technologique, séries générale et technologique des lycées). Les priorités accordées par cette disposition concernent :
– les jeunes sortant de la voie générale ou de la voie technologique sans diplôme ;
– les jeunes titulaires d'un baccalauréat général ou technologique qui ne poursuivent pas leurs études ;
– les jeunes titulaires d'un baccalauréat et qui quittent une filière d'enseignement supérieur.

L'article 35 de la loi élargit ainsi le droit à la formation professionnelle à tous ceux qui, quel que soit le niveau atteint, quitteraient le système éducatif sans un embryon de qualification. C'est par exemple le cas des élèves de troisième de collège, de seconde de lycée, de terminale générale des lycées, voire du premier cycle de l'enseignement supérieur général.

L'article 35 prévoit que « les formations sont mises en place en concertation avec les entreprises ou les professions ». Il s'agit donc de créer des formations adaptées à la fois au public scolaire potentiel et aux besoins exprimés par les entreprises. Cette définition locale du besoin de formation doit néanmoins s'inscrire dans la perspective générale de définition des diplômes relevant de l'État. Autrement dit, ce ne sont pas les diplômes qui changent mais les conditions d'accès à ces diplômes. On pourra par exemple préparer un CAP ou un BEP dans une spécialité industrielle précise, si le besoin est constaté au niveau local, et quel que soit le niveau de formation initiale des élèves (que l'élève soit issu d'une classe de 3e des collèges ou d'une classe terminale des lycées). Il s'agit là d'une réelle nouveauté introduite dans le système éducatif, qui jusqu'à présent définit les diplômes par le niveau de formation atteint mais aussi par les conditions réglementairement définies pour accéder à la formation qui y conduit. On ne pouvait par exemple jusqu'à présent pas accéder au baccalauréat professionnel si l'on n'était pas issu soit d'une deuxième année de CAP deux ans ou de BEP, soit d'une classe de première technologique appartenant au même secteur d'activité. Dorénavant si les textes sont suivis d'effet, il sera possible d'accepter en formation conduisant au baccalauréat professionnel « équipement et installations électriques » par exemple, des élèves issus de seconde générale, de première générale qui présenteraient des garanties de succès dans la série considérée. La distinction introduite par la loi entre diplôme et conditions d'accès au diplôme constitue une révolution réglementaire dans la gestion des carrières scolaires françaises.

Au niveau de la définition des structures pédagogiques des établissements, c'est-à-dire de la carte scolaire des spécialités professionnelles ou encore de l'offre de formation professionnelle, la loi prévoit par l'article 34 l'institution d'un « plan régional de développement des formations professionnelles des jeunes ». Jusqu'à présent, comme nous l'avons vu plus haut, les conseils régionaux élaboraient des schémas de développement des formations spécifiquement destinés soit à la formation professionnelle des adultes, soit au lycée professionnel, soit à l'apprentissage. Dorénavant les conseils régionaux disposent de la compétence d'élaborer des plans de développement couvrant l'ensemble des filières de formation professionnelle des jeunes :

– la formation initiale : la voie professionnelle et les formations complémentaires d'initiative locale (FCIL) ;

– l'apprentissage ;
– les contrats d'insertion en alternance et les actions de formation professionnelle financées par le ministère du Travail.

Cette possibilité offerte aux Régions leur donne le moyen d'envisager un développement coordonné des différentes formations et des différents secteurs d'activité. C'est en particulier au niveau régional que sera recherchée une meilleure adéquation formations-besoins des entreprises. Le niveau régional est ainsi responsabilisé dans l'adéquation emploi-formation et dans la gestion de la prospective de celle-ci.

Enfin la loi prévoit la mise en place de classes d'initiation préprofessionnelle en alternance pour les élèves ayant atteint l'âge de quatorze ans qui choisissent ou qui sont contraints d'acquérir une préqualification professionnelle par la voie de la formation en alternance. Cette nouvelle formation, décrite par certains comme la reconstitution des filières CPPN-CPA et comme un moyen d'échapper à la scolarité obligatoire jusqu'à 16 ans, est accompagnée d'une autre décision concernant les établissements de formation initiale.

Ces derniers pourront ou devront en effet organiser des formations en apprentissage. Les lycées ou les lycées professionnels auront ainsi la possibilité de créer de nouvelles sections d'apprentissage ou, par convention avec un centre de formation d'apprentis, d'élargir des formations existantes. Les organisations syndicales françaises, jusqu'à présent vigilantes et attentives au développement des formations en alternance jugées comme des concurrentes déloyales des formations initiales existantes, vont donc devoir s'accommoder de l'introduction dans les lycées professionnels et les lycées de sections d'apprentissage. Il y a ici également une réelle nouveauté que le système éducatif est appelé à gérer dans un contexte syndical peu favorable. Qu'en sera-t-il ?

Le ministère de l'Éducation nationale a donné quant à lui l'exemple des évolutions à entreprendre. Un arrêté de novembre 1993 précise la modification de l'organigramme de la Direction des lycées et collèges. Cette dernière, appelée à gérer l'ensemble des formations du second degré (collège, lycée, lycée professionnel et BTS), est restructurée sur le mode d'une articulation plus grande entre formation initiale et formation continue. Au sein d'une même sous-direction sont regroupés les bureaux de gestion de la relation école-milieu professionnel, de la définition des diplômes, de la gestion de la formation continue et de la gestion de l'apprentissage. Toutes les formations professionnelles sont regroupées en un même lieu, prévu formellement par l'article 35 de la loi quinquennale.

6. Les perspectives de développement quantitatif

En juin 1992, la direction de l'Évaluation et de la Prospective du ministère de l'Éducation nationale publiait un numéro spécial présentant les « scénarios de développement du système éducatif 1991-2000 ».

De 1985 à 1990, les collèges ont connu une chute démographique et une baisse des redoublements qui l'emportent largement sur l'amélioration des parcours scolaires et de l'accès en troisième : ils ont ainsi perdu plus de 300 000 élèves. Avec l'arrivée des générations 1980-1982, plus nombreuses, cette tendance va s'interrompre et s'inverser dès 1991 (les collèges vont aussi bénéficier d'ouvertures de nouvelles classes technologiques).

Effectifs en milliers
(métropole ≠ DOM)

	1990-1991		2000-2001	
	Total	Public	Total	Public
Second degré[1]	5 583	4 430	5 848	4 652
Collèges [2]	3 107	2 478	3 177	2 530
LP[3]	869	675	939	736
Lycées	1 607	1 277	1 732	1 386

Source : Éducation et Formations, n° spécial, 1992, DEP.

1. Enseignement spécial non compris.
2. 6e à 3e, plus 4e et 3e technologiques ainsi que CPPN et CAP implantés en collège.
3. CAP, BEP, bac professionnel plus 4e et 3e technologiques ainsi que CPPN et CAP implantés en LP.

Au cours des années quatre-vingt-dix, avec le recul des redoublements, les effectifs devraient progressivement revenir vers un total voisin de celui constaté à la rentrée 1990.

Les effectifs totaux de LP ont faiblement varié ces dernières années, la réduction continue des préparations au CAP en trois ans étant compensée par la montée du BEP et l'essor des baccalauréats professionnels. Certes, le tarissement du CAP s'achève et ses effets s'estompent, mais les développements du BEP et du bac professionnel vont maintenant porter sur des générations moins nombreuses. Ces progrès et déplacements de la formation vers des niveaux plus élevés ne conduiront à une croissance des effectifs de LP qu'à partir de 1994 ou 1995, avec la reprise démographique. En l'an 2000, les LP pourraient compter 70 ou 80 000 élèves de plus qu'en 1990, à condition toutefois d'agir contre la relative désaffection et les sorties persistantes en cours de cycle qu'ils subissent actuellement.

De la seconde à la terminale, le nombre de lycéens vient de connaître une poussée particulière : + 360 000 en cinq ans, sous l'effet d'un accès grandissant au second cycle général et technologique, de la part de générations particulièrement nombreuses. La décrue démographique va maintenant stopper ce mouvement. Les effectifs stagneront jusqu'en 1995, pour progresser à nouveau mais plus modérément à la fin du siècle ; les lycées devraient alors compter 125 à 130 000 élèves de plus qu'en 1990 (ces données n'incluant pas leurs classes post-baccalauréat, en progression particulièrement rapide).

A la fin des années quatre-vingt, les évolutions contraires observées en collège et lycée ont, au total, entraîné une quasi stagnation des effectifs de l'enseignement secondaire, qui devrait laisser la place lors des prochaines années à un lent accroissement. De 1990 à 2000, on peut s'attendre à une augmentation de quelque 250 000 ou 265 000 élèves pour le second degré au sens strict, soit un gain relativement modéré de 4,5 %.

L'ensemble des observations réalisées ci-dessus montre que les lycées professionnels ont considérablement évolué depuis 1960. Ces évolutions sont de nature pédagogique et structurelle. Elles concernent les élèves et les modes de formation. La loi quinquennale sur l'emploi introduit dans le paysage des formations de nouvelles variables autour desquelles le développement des lycées professionnels pourra trouver un sens d'ici l'an 2000. L'enseignement professionnel est certainement le secteur qui a le plus évolué ces trente dernières années, il risque également d'être celui qui évoluera le plus dans les années qui viennent. En ce sens, les lycées professionnels constituent un ensemble dynamique au sein du second degré. Cruel paradoxe que celui d'être l'un des éléments les plus dynamiques les plus méprisés.

Conclusion

Le travail réalisé ci-dessus permet d'identifier trois grandes perspectives de réflexion pour l'enseignement professionnel.

Nous avons dans un premier temps observé une profonde transformation de l'enseignement professionnel, qui a été progressivement intégré au second cycle du second degré. Cependant, cette intégration ne se traduit pas par l'absorption de l'enseignement professionnel dans l'enseignement général et technologique, bien au contraire l'enseignement professionnel semble conserver une réelle identité. S'il est vrai que les structures pédagogiques sont dorénavant isomorphes à celles des lycées, on a pu observer que les finalités, les publics, les professeurs, les méthodes pédagogiques et les modalités de planification au niveau régional restent spécifiques.

Une autre forme d'intégration semble se manifester dans certaines académies, elle concerne l'intégration de l'établissement lycée professionnel en tant que tel dans un lycée. Les formations professionnelles sont alors placées au côté des formations générales et des formations technologiques, les publics scolaires se côtoient, les enseignants relèvent d'un même projet d'établissement. Il est trop tôt pour tirer des conséquences utiles sur la démarche entreprise. Néanmoins, si pour certains l'enseignement professionnel peut tirer quelques bénéfices de son intégration dans des établissements polyvalents, d'autres craignent la mise en œuvre d'une juxtaposition beaucoup plus qu'une intégration, et une hiérarchisation des formations au sein d'un même établissement. Dans ce dernier cas, la voie professionnelle aurait tout à perdre car elle apparaîtrait comme une voie de secours offerte à ceux qui se trouvent en situation d'échec dans les voies générales et technologiques. L'intégration ne réussira qu'au prix de la reconnaissance d'une égale dignité des voies de formation, des publics, des enseignants.

Un second type de réflexion peut être entrepris sur l'évolution des CAP au sein de la voie professionnelle. Au milieu des années quatre-vingt, les CAP ont été fortement critiqués à cause de leur inadaptation aux évolutions prévisibles des technologies. En réponse à ces critiques, le ministère de l'Éducation nationale en a diminué les effectifs et les a intégrés au sein des BEP, les faisant ainsi progressivement disparaître et leur faisant également perdre leur identité initiale. Au début des années quatre-vingt-dix, à la suite de la publication du rapport réalisé par Lucie Tanguy : *Quelle formation pour les ouvriers et les employés en France ?*, on s'est beaucoup plus posé la question du contenu des formations à donner aux ouvriers que du niveau théorique auquel il fallait les situer (niveau IV, niveau V ou niveau V supérieur).

S'inscrivant dans cette perspective, le CEREQ a publié en octobre 1990 un dossier sur l'avenir du niveau V qui fait apparaître un relatif éclatement de la notion de niveau, et une approche de la fonction ouvrière davantage centrée sur les contenus d'activité et de compétences à mobiliser. Il apparaît ainsi qu'au niveau tertiaire l'image de la distribution des emplois est hétérogène. Trois groupes peuvent être identifiés :

– un groupe « technico-administratif et socioculturel » qui utilise une main d'œuvre de niveau IV ;

– un groupe supposant la possession d'un diplôme de niveau V dans des métiers traditionnels de type cuisine, métiers de la bouche, réparations... Dans cette catégorie se trouvent également un certain nombre d'emplois de l'artisanat, de service ;

– une catégorie d'emplois exigeant des compétences comportementales affirmées sans forcément disposer d'une culture technique très élevée.

Dans le secteur industriel, on identifie également trois grandes catégories d'emplois :

– des emplois de type professionnel présents dans des entreprises produisant des petites séries et se caractérisant par la complexité de leur produit. Les entreprises concernées embauchent des personnels de type CAP tout en leur reprochant leur manque de culture générale ;

– une catégorie utilisatrice d'une main-d'œuvre à profil technique, employée dans la fabrication de séries longues d'un ou de deux produits. L'automatisation, l'informatique industrielle, doivent être maîtrisées par les personnels employés. Les entreprises souhaitent à ce niveau des profils « super V techniques » ou des personnels de niveau IV ;
– enfin une troisième catégorie de personnels est utilisée dans des entreprises dont l'organisation du travail reste majoritairement marquée par le taylorisme. On y rencontre un nombre important d'ouvriers spécialisés et le niveau V semble leur être utile.

Le système éducatif ne peut donc plus répondre de façon monolithique à cette diversité. Au sein même du niveau V, on identifie des profils divers qui peuvent reposer sur la maîtrise de compétences relevant soit du CAP soit du BEP. Dans ce contexte, le CAP ne peut plus être condamné en tant que tel mais diversifié dans ses modes d'approche. « Le tout niveau IV » appartenant au discours dominant des années quatre-vingt semble être progressivement oublié au profit d'un type de questionnement sur l'avenir positif du CAP. Le numéro 35 de la revue *Emploi-Formation* contenait ainsi un article intitulé « Le CAP diplôme d'avenir ? », singulier paradoxe lorsqu'on sait que la même revue prévoyait l'extinction progressive de ce diplôme quelques années plus tôt.

Le problème de la formation professionnelle est d'autant plus difficile à gérer qu'il doit concilier trois logiques différentes mais complémentaires :
– une logique de professionnalisation qui suppose l'acquisition de capacités et compétences technologiques et professionnelles ;
– une logique propédeutique ; le CAP, le BEP, le bac pro. sont des diplômes qui, dans le cadre de la vie active, de la vie professionnelle future du salarié, pourront être complétés par des formations professionnelles continues. Au niveau même de la formation initiale, le CAP, et en particulier le BEP, sont des voies de formation, de transition vers les bac pro. et la voie technologique ;
– une logique pédagogique, car comme nous l'avons vu les publics accueillis dans l'enseignement professionnel, par leur diversité et leur niveau de formation générale, supposent la mise en œuvre de procédures pédagogiques différenciées.

Sur ce dernier point, les *Cahiers pédagogiques* ont publié un numéro spécial intitulé : *Différencier la pédagogie des objectifs à l'aide individualisée*. Ce numéro spécial est résumé dans les termes suivants : « Loin des polémiques [...] des enseignants travaillent et réfléchissent sur leur travail. Ils savent qu'on ne sépare pas les contenus et les méthodes [...]. Ils savent aussi de quoi ils parlent : l'hétérogénéité des classes, les lourdeurs institutionnelles, les angoisses des parents [...]. Les enfants sont divers ? Diversifions la pédagogie. Ceux qui écrivent ici proposent des démarches [...]. Interdisciplinarité, groupes de besoins ou de méthodes, aide individualisée, diversification des structures et des modes d'approche des savoirs [...]. Fonctionnement des équipes pédagogiques. » Toutes les démarches entreprises pour mieux accueillir et traiter l'hétérogénéité des élèves sont présentes dans les lignes qui précèdent.

Essayant de mettre en place des structures susceptibles de répondre aux enjeux que posent les problèmes liés au chômage, le gouvernement a fait adopter la loi quinquennale sur l'emploi. Cette dernière met en relation l'emploi, la formation et les diplômes dans une nouvelle perspective qui fait davantage de place aux responsabilités régionales et locales. La mise en cohérence de l'ensemble des formations professionnelles est prévue par le niveau régional, et l'adaptation des formations est prévue au niveau local. Les dispositions contenues dans la loi provoqueront-elles une nouvelle évolution de l'enseignement professionnel ? Ce dernier connaîtra-t-il un nouvel élan à l'aube du XXIe siècle ? Quel sera l'équilibre trouvé par l'établissement entre déterminants externes (contraintes économiques) et déterminants internes (les acteurs élèves et enseignants)[1] ?

NOTE

1. A voir absolument : CHARLOT B., FIGEAT M., *Histoire de la formation des ouvriers - 1789-1984*, Minerve, Paris, 1985.

Liste des sigles et abréviations

Bac. pro. : Baccalauréat professionnel
BEP : Brevet d'enseignement professionnel
BIPE : Bureau d'informations et de prévisions économiques
BOEN : Bulletin officiel de l'Éducation nationale
BTS : Brevet de technicien supérieur
CAP : Certificat d'aptitude professionnelle
CEREQ : Centre d'étude et de recherche sur l'emploi et les qualifications
CES : Collège d'enseignement secondaire
CET : Collège d'enseignement technique
CIC : Comité interprofessionnel consultatif
CNPF : Comité national du patronat français
CP : Cours préparatoire
CPA : Classe préparatoire à l'apprentissage
CPC : Commission professionnelle consultative
CPPN : Classe préprofessionnelle de niveau
DEP : Direction de l'évaluation et de la prospective
DEUG : Diplôme d'études universitaires générales
DUT : Diplôme universitaire technique
FCIL : Formation complémentaire d'initiative locale
FEN : Fédération de l'Éducation nationale
GET : Groupes d'enseignement technologique
GRETA : Groupement d'établissements
HCEE : Haut comité éducation économie
IUT : Institut universitaire technique
LEP : Lycée d'enseignement professionnel

LP : Lycée professionnel
MAFPEN : Mission académique pour la formation des personnels de l'Éducation nationale
OHQ : Ouvrier hautement qualifié
PFMP : Période de formation en milieu professionnel
RPL : Rénovation pédagogique des lycées
TA : Technicien d'atelier

Table des matières

INTRODUCTION 5

CHAPITRE PREMIER – **Quel sens donner à l'enseignement professionnel ?** 7
1. L'histoire récente du système éducatif,
le rappel des grandes réformes 7
2. L'évolution des structures pédagogiques, ou du CET
au lycée professionnel 13
   A. Les années soixante 13
   B. Les années soixante-dix 14
   C. Les années quatre-vingt 16
   D. Les années quatre-vingt-dix 18
   E. Note de synthèse 19
3. Les effectifs scolarisés en LP 24
   A. La diminution des effectifs de LP 25
   B. Le poids des formations au sein des LP 25
4. Le LP au cœur de logiques différentes qu'il faut concilier 27
   A. La logique économique 28
   B. La logique sociale 30
   C. La logique administrative et institutionnelle 32
   D. La logique scolaire 34

CHAPITRE II – **Les diplômes** 41
1. La méthodologie de construction des diplômes 41
2. Le cadre général de l'évolution des diplômes 52
3. Le CAP 56
   A. Un diplôme en sursis depuis trente ans 56

B. La hiérarchisation des cultures 57
C. Une finalité ambiguë 58
D. Un nouveau CAP 63
E. Le CAP des années quatre-vingt-dix/deux mille 63
4. Les BEP 65
5. Le baccalauréat professionnel 72

CHAPITRE III - **Problèmes et perspectives de l'enseignement professionnel** 85
1. Le cycle technologique 85
2. Le niveau des élèves 88
3. L'évolution de l'âge des élèves 90
4. L'évolution des secteurs professionnels et des structures pédagogiques 91
5. Les perspectives ouvertes par la loi quinquennale sur l'emploi 96
6. Les perspectives de développement quantitatif 99

CONCLUSION 103

LISTE DES SIGLES 107

Ressources formation

Dans la série **Enjeux du système éducatif**

L'Expression lycéenne – Livre blanc des journaux lycéens
par le Clemi et un groupe de réflexion

Enseigner l'histoire, un métier qui s'apprend
par Jacqueline Le Pellec et Violette Marcos-Alvarez

Apprendre à philosopher dans les lycées d'aujourd'hui
par Michel Tozzi, Claude Vincent, Patrick Baranger et Michèle Benoît

L'Établissement dans la démarche de projet
par Jean-Michel Lecomte et Anne-Marie Nestrigue

L'Intelligence peut-elle s'éduquer ?
par Cécile Delannoy et Jean-Claude Passegand

Quelle école pour quelle intégration ?
par Martine Abdallah-Pretceille

L'Aide au travail personnel de l'élève
par Alain Moser, David Moissonnier et Joël Fauchard
avec la collaboration de Christine Kerriou

La Didactique en question
par Laurence Cornu et Alain Vergnioux

De l'artisan à l'expert – La formation des enseignants en question
par Alain Trousson

De l'orientation au projet de l'élève
par Jacky Charpentier, Bernard Collin et Edith Scheurer

Utilisations de l'ordinateur dans l'enseignement secondaire
par Jean-Michel Bérard, Chantal Richard,
Georges-Louis Baron, Sylvie Casanova, Alain Elie,
Annie Leprince, Jacques Lucy

Les Modules – Vers de nouvelles pratiques pédagogiques au lycée
par Dominique Raulin avec la collaboration de
Jean-Claude Passegand

Une mémoire pour apprendre
par Cécile Delannoy

La Dissertation philosophique – La didactique à l'œuvre
Équipe de recherche en didactique de la philosophie,
Institut national de recherche pédagogique (INRP)
coordonné par Françoise Raffin

Qu'est-ce qu'un programme d'enseignement ?
coordonné par Chantal Demonque

La Culture scientifique et technique pour les professeurs des écoles
coordonné par Bernard Andries et Isabeau Beigbeder

Dans la série **Acteurs du système éducatif**

Guide de l'instituteur et du professeur d'école
coordonné par Guy Faucon

Travailler en ZEP
par Alain Bourgarel avec la collaboration de Guy Lochard

Les Personnels de direction des établissements secondaires
Alain Picquenot avec la collaboration de François-Régis Guillaume,
Alain Kokozowski et Patrick Tach

Dans la série **Partenaires du système éducatif**

En sortant de l'école... musées et patrimoine
par Élisabeth Faublée

Travailler avec les organismes scientifiques
par Robert Larue
avec la collaboration de Marie-José Birglin et Valérie Zaleski

---

Ces ouvrages sont en vente :
– à la librairie du CNDP, 13 rue du Four, 75006 Paris, ou par correspondance :
CNDP/VPC, 77568 Lieusaint cedex ou au CRDP de votre académie ;
– par le réseau Hachette.

Imprimé en France par Hérissey à Évreux - N° 66842
Dépôt légal N° 3999-09/94 – Collection N° 12 – Édition N° 01 **17/0370/1**